LA RÉSISTANCE DE LA JEUNESSE FRANÇAISE

1940-1944

DU MÊME AUTEUR

Les Enfants cachés, Éditions Jean-Claude Lattès, prix Wizo 1993

20 ans pendant la guerre d'Algérie, Éditions Michel Lafon, 2001

L'Histoire des pieds-noirs d'Algérie (1830-1962), Éditions Michel Lafon, 2002

La Minute où l'on tombe amoureux, Éditions Page après Page, 2002

L'Armée juive clandestine en France, 1940-1945, Éditions Page après Page, 2002

Les Oubliés de la guerre d'Algérie, Éditions Michel Lafon, 2003. Prix Norbert Cepi, 2003, ville d'Antibes

Les Rizières de la souffrance (1945-1954), Éditions Michel Lafon, 2004

Les Convois de la honte, Éditions Michel Lafon, 2005

Aux ordres de Vichy, Éditions Michel Lafon, 2006

Les Souffrances secrètes des Français d'Algérie, Éditions Michel Lafon, 2007. Prix de la Lettre de Veritas, 2007

La Guerre des Six-Jours, Éditions Lucien Souny, 2007

La persécution des chrétiens aujourd'hui dans le monde, Éditions Michel Lafon, 2009

RAPHAËL DELPARD

LA RÉSISTANCE DE LA JEUNESSE FRANÇAISE

1940-1944

Pygmalion

Sur simple demande adressée à
Pygmalion, 87 quai Panhard et Levassor 75647 Paris Cedex 13,
vous recevrez gratuitement notre catalogue
qui vous tiendra au courant de nos dernières publications.

ISBN 978-2-7564-0210-9

Au journaliste littéraire,
Jacques de Bono,
l'ami des auteurs.

« Les dates de l'action estudiantine sous l'Occupation sont des dates historiques. »

Phrase extraite du discours prononcé
le 11 mai 2006 par Claude Ducreux,
résistant, avocat, Secrétaire général du
Comité d'Action de la Résistance,
lors d'une cérémonie rendue en hommage
à la jeunesse française combattante.

PRÉSENTATION

Une grande partie des lycéens, étudiants, apprentis et jeunes paysans refusent l'abdication des adultes devant l'ennemi nazi, de considérer la débâcle comme une sorte de fatalité et vivent comme le pire des cauchemars la poignée de main à Montoire entre le chancelier allemand et le maréchal français.

Alors que la population s'enfonce dans la collaboration, on voit se lever dans les lycées, les collèges, les centres d'apprentissages, les universités et les facultés, à la ville et à la campagne, dès le mois de novembre 1940, un mouvement de révolte, né de l'esprit du refus.

La première manifestation est celle du 11 novembre 1940. Elle réunit à Paris, sur les Champs-Élysées, dans une même ferveur patriotique, plus de deux mille cinq cents lycéens et étudiants. Aucune structure établie, aucune organisation n'a pris le *leadership* ; seule une invitation à se rendre à l'Arc de Triomphe pour y déposer des fleurs sur la tombe du Soldat inconnu a circulé de bouche à oreille, par l'intermédiaire de tracts souvent manuscrits sur des pages arrachées à des cahiers, ou dactylographiés maladroitement, qui vont d'un lycéen à un autre, d'un étudiant à un camarade, dans les cours des lycées, pendant l'étude ou dans les rues du Quartier latin.

La manifestation des lycéens, le 11 novembre, ne passe pas inaperçue à Londres, où se trouve le siège de la France Libre, et interpelle le général de Gaulle : elle lui montre que la jeunesse de France est sur le pied de guerre, et qu'elle n'entend pas renoncer. Maurice Schumann, porte-parole du gouvernement français en exil, déclare :

« Chaque fois que j'ai rencontré un de ceux qui avaient participé à la journée du 11 novembre, j'ai été étonné de constater qu'il ne se rendait pas compte de l'importance mondiale – j'insiste sur l'adjectif – qu'avaient revêtue leur courageuse attitude et leur précieuse initiative. Les États-Unis n'étaient pas en guerre, par conséquent il y avait des correspondants de presse américains à Paris qui ont relaté l'événement.

Je dois dire, moi personnellement qui étais à l'époque le porte-parole du général de Gaulle, qu'il y a avant le 11 novembre 1940 et après. Avant le 11 novembre, je ne savais pas en réalité ce qu'était la réaction de mes auditeurs [il fait allusion aux émissions de la France Libre à la BBC] ; après le 11 novembre, j'ai su qu'une élite était suspendue à nos lèvres, non pas à cause du talent des orateurs, mais parce que c'était la voix de la liberté. »

La journée mémorable du 11 novembre est le point de départ d'un vaste mouvement qui s'étend sur l'ensemble du territoire. C'est ainsi que naissent dans les établissements scolaires – lycées, écoles professionnelles et facultés – des réseaux de résistance dont les animateurs ont quatorze ans pour les plus jeunes, et dix-huit ans pour les plus âgés.

Leur imagination, leur à-propos et leur maturité sont stupéfiants ; ils agissent et jamais ne reculent devant le danger.

Les jeunes paient un lourd tribut à la lutte contre l'occupant nazi : les premiers fusillés sont des adolescents. Souvenons-nous des lycéens de Buffon, de Nice et des otages de Châteaubriant. Au fond du cachot, dans l'attente de leur exécution, ils sont autorisés à écrire une lettre ; ultime message qui ne larmoie pas mais, une fois de plus, fait la démonstration de leur courage, de leur sérénité avant le moment suprême, et nous exhorte à poursuivre le combat pour que la France continue son chemin dans le respect de son histoire et les valeurs qui l'ont fondée.

Les jeunes qui veulent prendre les armes savent qu'ils doivent rejoindre de Gaulle à Londres et pour y parvenir aucun obstacle ne les fait reculer, alors qu'ils sont nombreux à se dresser sur leur chemin : emprisonnement, camp d'internement, sans parler des séances de torture.

C'est encore la même jeunesse que l'on retrouve dans les unités combattantes de l'armée de libération, après la formation militaire dont elle a bénéficié à l'école des Cadets de la France Libre.

Par quel mystère la page magnifique de la Résistance de la jeunesse française a-t-elle été occultée par celle des grandes figures connues ? Les historiens ont-ils jugé qu'il s'agissait d'agitation de *mômes* ? Les acteurs eux-mêmes ont-ils estimé que ce qu'ils avaient fait ne méritait pas que l'on s'y arrête ?

Quoi qu'il en soit, cet ouvrage entend modestement redonner à cette jeunesse résistante française la place qui lui revient dans la grande page de la lutte contre l'ennemi nazi.

I

ÉTAT DES LIEUX

Le 1er septembre 1939, les armées du IIIe Reich envahissent la Pologne. Le gouvernement français qui s'était assoupi depuis le pacte de non-agression, signé à Munich le 28 septembre 1938 avec l'Allemagne nazie, sort de sa torpeur. Ne pouvant pas rester sans réaction, il vote des crédits exceptionnels qui doivent servir à l'effort de guerre et sont considérés par l'ensemble de la classe politique comme une réponse nécessaire à l'action belliciste d'Hitler. Cela signifie que la France accepte d'entrer de plain-pied dans le conflit.

La société française est résolue à l'engagement militaire, persuadée que la ligne Maginot la protège de l'ennemi germanique. Il n'en sera rien. La déconvenue des Français sera à la hauteur de la débâcle.

Dans tout le pays, l'ambiance est délétère ; les agressions verbales entre députés et sénateurs hors des hémicycles sont fréquentes ; il arrive même qu'elles se transforment en empoignades. La France offre ainsi l'image d'une nation qui a perdu ses repères.

Les communistes français, qui soutiennent massivement le pacte germano-soviétique de non-agression conclu entre Staline et le chancelier allemand le 23 août 1939, sont dorénavant placés au ban de la société.

Le président du Conseil, Édouard Daladier, en refusant de venir au secours de la Finlande envahie par l'Union Soviétique, provoque une crise politique telle qu'il est contraint à la démission. Le refus de faire intervenir la France renforce le camp de la paix, animé par Pierre Laval et Pierre-Étienne Flandin, qui veulent conclure au plus vite un accord de non-belligérance avec l'Allemagne nazie. Seulement, Laval et Flandin, minoritaires au sein du Parlement, ne peuvent s'opposer à la majorité des députés favorables à un affrontement armé.

Après la démission de Daladier, Paul Reynaud est choisi par le président de la République pour diriger le nouveau gouvernement. La faible marge de manœuvre dont il dispose ne l'autorise pas à opérer de grands engagements. La situation fragile qui est la sienne l'oblige même à conserver Daladier dans sa nouvelle équipe ; il lui confie le ministère de la Guerre.

Afin de répondre à l'Allemagne nazie, la France développe à la hâte un effort de guerre ; le constat de faiblesse de son armement est patent. Elle ne peut aligner une force militaire capable de s'opposer à la puissante armée du IIIe Reich. Elle ne possède pas de divisions blindées et dès l'engagement des hostilités – la ligne Maginot, ne couvrant qu'une infime partie du territoire de la Suisse aux Ardennes – se révèle inefficace et surtout inutile. Le haut commandement militaire appuie sa stratégie sur des tactiques datant des années 1920. Les officiers qui le composent semblent plus aptes à faire la guerre dans les couloirs du ministère que sur les terrains où se déroulent les combats.

Pour sortir de l'impasse, le gouvernement fait appel aux Britanniques, mieux pourvus semble-t-il en armements, à l'exception toutefois de l'aviation ; ils ne disposent que d'une flotte de mille huit cents avions de combat alors que l'Allemagne en possède quatre mille sept cents.

Le 10 mai 1940, la fulgurance de l'attaque allemande en Hollande, en Belgique et au Luxembourg atomise les discussions byzantines des politiques à Paris. L'absence d'une tactique cohérente du haut commandement militaire, à laquelle s'ajoute l'incurie des généraux, conduit les forces françaises à la défaite. Deux millions de soldats sont faits prisonniers.

Paul Reynaud adopte des mesures d'urgence : il prend la tête du ministère de la Guerre et Daladier passe aux Affaires étrangères avant de quitter le gouvernement, lors du remaniement du 5 juin 1940. Cependant, Reynaud, totalement dépassé, ne parvient pas à maîtriser la situation. Il propose au maréchal Pétain la vice-présidence du Conseil. Le dernier vainqueur de 1918 jouit d'une immense popularité auprès des Français en général et des poilus en particulier, lesquels forment à cette époque le pivot de la société française.

Devant l'avancée des Allemands, le gouvernement quitte la capitale et se replie dans le sud du pays. Il s'installe tout d'abord à Bordeaux, puis à Clermont-Ferrand, et termine sa pérégrination à Vichy. Cette ville thermale possède de nombreux hôtels où les parlementaires peuvent se loger. L'un des établissements, l'Hôtel du Parc, devient le siège du nouveau pouvoir. Désormais, la vie politique et mondaine de la France se déroule à Vichy.

Paul Reynaud subit des pressions de toutes parts, dont celle de l'Anglais Winston Churchill qui l'exhorte à ne pas capituler et l'engage vivement à poursuivre la lutte. De leur côté, Georges Mandel et Charles de Gaulle, membres récents de l'équipe gouvernementale, militent pour une poursuite de l'offensive depuis l'Afrique du Nord. Pétain et le général Weygand se positionnent, quant à eux, pour un armistice entraînant *de facto* l'arrêt des combats.

C'est finalement la ligne Pétain qui l'emporte. Reynaud, découragé et épuisé par la longue bataille parlementaire qu'il a arbitrée de son mieux, démissionne et propose à Albert Lebrun, président de la République, de nommer Philippe Pétain à la présidence du Conseil.

Avec ce dernier à la tête du pays, c'est le camp du cessez-le-feu qui l'emporte. Voulant persuader la population du bien-fondé de son action et s'attirer sa sympathie, le nouveau président du Conseil s'adresse à la Nation dans une allocution radiophonique au cours de laquelle il se pose en victime expiatoire de la défaite et lance la profession de foi devenue célèbre : « Je fais à la France le don de ma personne pour atténuer son malheur. »

Hitler impose à Pétain la Convention d'armistice sans que ce dernier ait la possibilité de l'amender. La France, désormais placée sous l'entier contrôle de l'armée de terre allemande, change de visage. Le découpage imposé par l'occupant permet à celui-ci de maintenir 60 % de l'hexagone sous sa surveillance. Les départements du Nord et du Pas-de-Calais sont rattachés au commandement de la Belgique. L'Alsace et la Lorraine sont annexées. Le Nord-Est est une région interdite et librement ouverte à la colonisation des agriculteurs allemands. Les Italiens, eux, contrôlent les régions qui jouxtent leur frontière avec la France, depuis la Savoie jusqu'à la Côte d'Azur.

Avec l'arrêt des combats et la signature de la Convention d'armistice, la défaite pèse lourdement sur les épaules des Français. Le ministère de l'Économie est contraint de verser une indemnité journalière de quatre cents millions de francs au vainqueur.

Un million huit cent mille soldats français prisonniers dans les camps allemands servent d'otages à tout moment. La France a perdu sa souveraineté.

C'est un pays dépecé et une population humiliée qui doivent survivre.

*

Le 4 juillet 1940, Pierre Laval réussit à faire adopter une révision des lois constitutionnelles datant de 1875, laquelle lui permet de mettre en place le régime qu'il souhaite. On assiste dès lors à une rupture avec les fondements organiques de la République. Au fronton des édifices publics, la formule « Liberté, Égalité, Fraternité », si chère aux révolutionnaires de 1789, est supprimée et remplacée par « Travail, Famille, Patrie ».

Le 9 juillet, les deux chambres – Chambre des députés et Sénat – entérinent le projet qui met fin à la IIIe République par cinq cent soixante-neuf voix contre quatre-vingts, et confient les pleins pouvoirs à Philippe Pétain qui devient le chef du nouvel État. « La légalité n'est qu'apparente, écrivent Gilles Martinez et Thierry Scotto di Covella ; la pression des événements et le désarroi des parlementaires, l'assurance de Laval qui parle au nom de Pétain, l'ambiance de Vichy, font oublier que seule l'Assemblée nationale était compétente pour réviser la Constitution.[1] »

Le nouveau régime est informe et le restera jusqu'à la fin du conflit avec l'Allemagne. Il conserve néanmoins de nombreux attributs de la République tels le drapeau tricolore, l'hymne national et le fonctionnement des administrations. Mais l'idéologie est rarement définie ; on parle de révolution sans jamais expliquer son contenu. L'incompréhension vient

1. Gilles Martinez et Thierry Scotto di Covella, *La France de 1939 à 1945, le régime de Vichy*, Éditions du Seuil, 1997.

en particulier de la confusion des pouvoirs. Le maréchal les concentre entre ses mains. L'absence de transparence n'autorise pas à affirmer qu'il est fasciste. En revanche, ce qui apparaît sans ambiguïté, c'est son esprit réactionnaire, dont l'action principale consiste à abolir des ordres anciens avec l'objectif de créer un citoyen nouveau, délesté des principes de la démocratie, du capitalisme et surtout du marxisme.

« La révolution nationale se présente comme une idéologie de troisième voie, affirment Gilles Martinez et Thierry Scotto di Covella ; doctrine moraliste, elle pose les principes d'une hiérarchie naturelle contre un égalitarisme utopique, d'une primauté des devoirs des Français sur leurs droits, de la possibilité d'un retour à un ordre fondé sur le rejet de la société industrielle et l'épuration du corps social. »

Le gouvernement se dote d'un régime répressif qui ressemble aux régimes totalitaires et, en particulier, à celui qui sévit en Union Soviétique.

La première mesure qui est prise frappe de plein fouet les étrangers sans distinction du pays d'origine, et souligne ainsi la spécificité xénophobe de Vichy. La loi du 22 juillet 1940 annule la naturalisation qui leur avait été accordée depuis 1927 et transforme du jour au lendemain les quinze mille bénéficiaires en individus apatrides.

Le 13 août 1940, une autre loi exclut la franc-maçonnerie de la société française. Bientôt les communistes seront pourchassés, emprisonnés et certains fusillés. Les citoyens favorables à de Gaulle sont arrêtés et déchus de leur nationalité française par la loi du 10 septembre 1940. Les dirigeants politiques issus de la mouvance du Front populaire de 1936 sont traînés devant les tribunaux et jetés en prison. Les opposants au régime nazi sont traqués et internés dans un des camps qui fleurissent sur le territoire. Le sommet de l'action répressive et xénophobe est atteint avec l'apparition en juin et en octobre 1940 des statuts définis par les lois raciales, rédigés à la seule intention des citoyens juifs. Rappelons qu'il s'agit là d'une initiative française, laquelle ne répond en aucun cas à une demande formulée par l'occupant.

À cet appareil policier dont l'unique objectif est de faire tomber les ennemis de la France, en particulier ceux qui refusent le nouvel État, viennent s'agréger des polices parallèles et spécifiques : le commissariat général aux Questions juives, les services chargés de lutter contre la franc-maçonnerie et de pourchasser les communistes. Les actions de ces services échappent à la hiérarchie policière générale.

Il va de soi que la TSF – moyen de communication abondamment utilisé autant par le pouvoir que par l'occupant – est étroitement surveillée. Soucieux d'être informé à tout moment de l'opinion des Français, un service des contrôles est créé et autorisé à intercepter les communications postales et téléphoniques.

Des juridictions exceptionnelles apparaissent dont la Cour suprême installée à Riom, dans le Puy-de-Dôme, est un des fleurons. Ces profondes modifications constituent une rupture avec la base du régime démocratique, autrement dit la séparation des pouvoirs exécutif et judiciaire.

Et Pétain n'est pas en reste. Il se reconnaît le droit de prononcer contre des ministres ou des hauts fonctionnaires de l'ancien régime les condamnations les plus surprenantes, lesquelles ne reposent sur aucune base sérieuse. Paul Reynaud et Georges Mandel, pour ne citer que ces deux personnalités, subissent les foudres du maréchal et se voient condamnés à des peines très lourdes avant même d'être jugés.

II

UNE SOCIÉTÉ À LA DÉRIVE

Qu'est-il arrivé à la société française de 1940 ? Où sont passés les Français attachés aux valeurs républicaines ? Qu'est devenue la foule bruyante et généreuse qui envahissait les rues en 1936 ?

La société française, brusquement muette et amorphe, semble anesthésiée par la défaite. Pour comprendre l'apathie qui la frappe, il faut remonter à la Première Guerre mondiale.

Il peut sembler paradoxal d'écrire que la victoire de 1918 est, en fait, le commencement du déclin de la France. Si les guerres sont philosophiquement inutiles, celle de 1914 le fut encore plus que les autres. L'Allemagne a perdu deux millions de soldats, la France un million quatre cent mille et les Britanniques six cent mille. Économiquement saignée à blanc, l'Europe créditrice des États-Unis est devenue débitrice. L'Amérique, en intervenant dans le dernier quart d'heure du conflit, voit le bénéfice qu'elle peut tirer de la situation. Le client devient fournisseur de l'Europe et entend le rester le plus longtemps possible. Grâce à cette manne inespérée, l'industrie américaine connaît un essor considérable. Forts de cette première expérience, après la Seconde Guerre mondiale les Américains prêteront de l'argent à une Europe une nouvelle fois à bout de souffle.

Sur le plan intérieur, la France connaît une crise politique et morale sans précédent. L'empire vacille ; la classe politique apparaît aussi immobile et aussi peu animée par une volonté de changement : ce sont toujours les mêmes qui occupent les fauteuils du pouvoir. Pourtant, il y a de quoi faire : la France a perdu toutes ses valeurs, et le chômage ne cesse d'augmenter.

Devant l'effondrement de leur pays, les soldats de la Grande Guerre sont déçus ; ils ont le sentiment d'avoir combattu pour rien. Dans le livre des grands rêves, leur sacrifice est passé dans la colonne des pertes et profits. « La France a été particulièrement touchée par la guerre, écrit l'historien Jacques Delperrie de Bayac, elle s'est endettée. Ses départements du Nord et de l'Est sont en ruine. Le déclin démographique très ancien, commencé avant 1789, accentue le fléchissement. Souvent en avance dans les siècles passés, la France s'est mise en veille, elle a pris du retard, elle a raté sa révolution industrielle. Au contraire de l'Angleterre et de l'Allemagne, elle est toujours essentiellement agricole et rurale, avec de petites villes où se trouvent de petites industries et trop de paysans sur de trop petites exploitations. Agriculture et industrie sont stationnaires. Le capitalisme français a les inconvénients du capitalisme sans en avoir les avantages : il produit peu, il produit cher. Les modes de fabrication et de distribution sont archaïques, les structures sont sclérosées : la France appartient encore au XIXe siècle.[1] »

1. Jacques Delperrie de Bayac, *Histoire de la Milice, 1917-1945*, Éditions Fayard, 1960.

La grande secousse vient de Russie. La Révolution bolchevique installe, en effet, la première nation socialiste aux portes de l'Europe occidentale. Le prolétariat, séduit par la vague rouge, comprend qu'il a désormais un outil à sa disposition pour parler d'égal à égal avec la classe dirigeante. La droite, toute la droite, est ébranlée. Aussi la société française se divise-t-elle en deux camps. Des historiens avancent l'hypothèse que la guerre civile, qui jettera les Français les uns contre les autres pendant la Seconde Guerre mondiale, a trouvé ses racines dans la décennie 1920-1930. Tout porte à croire qu'ils ont raison.

Avec l'apparition du communisme, on craint moins dans le camp de la droite pour la démocratie que pour l'effondrement de la France et la disparition avec elle des valeurs qui l'ont fondée. Ce n'est pas seulement la bourgeoisie et l'aristocratie qui tremblent, la peur gagne également les classes moyennes. Commerçants, ouvriers et fonctionnaires sont touchés et, avec eux, une partie non négligeable des anciens combattants de 1914-1918. C'est d'ailleurs principalement dans leur camp que des meneurs vont apparaître et prendre la tête du combat pour barrer la route aux bolcheviques.

À compter des années 1920, la confusion est le pain quotidien de l'homme de la rue ; il a bien du mal à s'y retrouver lorsqu'il entend Hitler puiser ses harangues aux mêmes sources que celles qui alimentent les discours de gauche.

Après la grande crise économique de 1929, la France vit dans le désordre. Les grèves se succèdent – le pays ne compte pas moins de deux millions de grévistes –, le chômage atteint un seuil inquiétant, les masses laborieuses sont pétrifiées par l'angoisse de leur survie. Le malaise augmente avec les neuf mille usines occupées sur lesquelles flotte le drapeau rouge. Les Français ne reconnaissent plus leur pays ; celui-ci semble se dérober à leur vue.

L'effervescence du Front populaire et l'arrivée d'un leader juif socialiste à sa tête achèvent de les convaincre de la proximité du danger.

C'est bien cette population qui a fait Vichy. Cependant, portons à son crédit la vérité suivante : elle déteste le « Boche » jusqu'au plus profond de ses fibres, contrairement à ce qui a été souvent dit. Ce qui va la jeter dans la collaboration durant la Seconde Guerre mondiale trouve sa raison dans la hantise du putsch communiste qu'elle pense imminent. De 1939 jusqu'à 1945, la peur du complot rouge sera le leitmotiv du gouvernement de Pétain.

« À partir de 1931, écrit Jacques Delperrie de Bayac, la France vit dans la crise. Elle ne devient ni communiste ni fasciste, mais elle est ébranlée jusqu'aux racines.[1] »

L'attitude des Français de 1940 compte pour beaucoup dans l'installation de Vichy. La panique qui s'empare de la population dès l'entrée des Allemands, fuyant sur les routes sans tenter la moindre résistance, laisse le champ libre aux factieux. Au nord du pays, les villes se vident. Combien de mairies abandonnées, de préfectures devenues désertes ! Dans les hôpitaux, il n'est pas surprenant de découvrir des malades privés de soins. Le personnel soignant et médical a disparu. Jusqu'aux autorités administratives que l'on voit errantes, ne sachant que faire parce que sans ordres.

En revanche, au sud de la Loire, les villes se remplissent d'arrivants hagards louant, à n'importe quel prix, la première chambre d'hôtel ou la maison au confort spartiate dans laquelle s'entassent des familles. Tout finit par manquer, dans ces villes et ces bourgs. L'eau, le pain, des lieux où dormir, comme le rapporte *La Dépêche de Toulouse* du 24 juin 1940 :

« Nous avons connu il y a deux ou trois jours à peine Toulouse encombrée de réfugiés. Notre ville était comme

1. Jacques Delperrie de Bayac, *op. cit.*

un terminus. "Comment pourrions-nous aller plus loin ?" disaient ceux qui avaient pu parvenir jusqu'ici. Les trottoirs de la gare étaient couverts de gens qui attendaient un gîte, sans savoir comment ils pourraient le trouver. Dans les rues, ils allaient au hasard, en quête d'un renseignement, d'un morceau de pain. Ces gens étaient partis, fuyant l'invasion et presque sans but. Nous avons vu des groupes de soldats qui, ayant quitté leurs lieux de rassemblement, erraient dans les rues. »

Le traumatisme de la débâcle est sans précédent. Plus rien ne rattache les Français à cet État dont les structures économiques ont volé en éclats. « Comment écrire l'histoire d'un peuple, alors qu'il n'existe plus de points de repères, ni sociaux, ni géographiques, ni professionnels ? écrit la journaliste et historienne Georgette Elgey[1]... On ne peut pas parler de telle ou telle catégorie, on ne peut évoquer que des cas particuliers. L'Histoire a explosé et dans le tohu-bohu seules comptent les destinées individuelles, car une population ainsi choquée ne réagit plus selon les critères traditionnels. »

Il est vrai que l'occupation allemande opère à l'intérieur du corpus social français une mutation étrange et surprenante. Celui que l'on croyait fermement ancré à gauche est retrouvé dans les rangs de la Milice. Celui-là que l'on imaginait germanophile essaie de rejoindre Londres. Les cadres familiaux explosent. Dans une même famille, les enfants ne suivent pas des voies identiques. « Il convient de savoir qu'en période de bouleversement, l'héroïsme ou la lâcheté, l'ignominie ou le courage ne sont l'apanage d'aucune catégorie sociale[2] », ajoute Georgette Elgey.

---

1. Georgette Elgey, *Histoire des années 1940*, Éditions Tallandier, 1976.
2. *Ibidem.*

III

LA JEUNESSE, SURSAUT NATIONAL

Les Français se montrent incapables de réagir devant l'arrivée des soldats allemands qui envahissent le territoire et défilent triomphalement dans les rues de la capitale. Ils préfèrent fuir sans tenter la moindre résistance. Huit millions d'entre eux sont sur les routes, offrant la pitoyable vision d'un peuple en déroute. Pendant la montée du nazisme, les Français se sont bouché les oreilles ; ils n'ont pas voulu entendre les éructations venues de Berlin. Ils ont cru que le danger ne les atteindrait pas. Si, en dépouillant la presse de l'époque, on trouve des intellectuels et des journalistes qui se montrent attentifs à la menace, ils ne peuvent cependant pas dresser le tableau d'une guerre qu'ils ne parviennent pas à imaginer.

Chaque Français, dans son for intérieur, se sent rassuré à chaque 14 juillet. Il applaudit la puissante armée illuminée de la gloire âprement gagnée à Verdun. Le général Weygand, en 1938, en qualité de chef des armées, sur les ondes radiophoniques, annonce que : « Jamais l'armée française n'a été plus forte qu'aujourd'hui.[1] » Il n'y a donc pas de place pour le doute.

La jeunesse française n'ignore pas la défaite de juin 1940, et c'est blessée jusqu'au plus profond d'elle-même qu'elle assiste à la débâcle et peut en mesurer l'étendue avec les voitures militaires incendiées, éventrées, abandonnées sur les routes, qui sont les vestiges d'une bataille qui n'a pas eu lieu, et que déjà l'on nomme « la drôle de guerre ». L'exode est vécu par cette même jeunesse comme un déshonneur.

L'historien André Bessière avait quatorze ans en juin 1940. Le terrible spectacle des corps criblés de balles ennemies tombés sur le bord des routes lors des mitraillages par l'aviation allemande, des voitures calcinées, des chevaux morts, frappe l'adolescent de plein fouet. Lors d'une conférence que Bessière donna le 3 mai 2007 au Mémorial du maréchal Leclerc, il compléta la vision d'horreur qui avait été la sienne à l'époque des faits en déclarant : « Ici et là, des hommes et des femmes à peine sur pied retombent à genoux, le visage déformé par la terreur en se penchant sur des formes inertes. D'autres paraissent stupéfaits de se voir debout comme ce gosse qui braille en tirant de ses mains couvertes de sang la manche de chemise d'un homme jeune qui, agenouillé, semble prostré dans une prière éternelle. Allongé sur le ventre, gît un vieil homme, les bras en croix ; le sang s'échappe avec régularité de sa veste balafrée et se perd dans la terre brune. »

Les jeunes ne seront pas insensibles aux lois raciales édictées par le gouvernement de Philippe Pétain, mais leur indignation se manifestera ouvertement devant la contrainte faite aux juifs de porter l'étoile. Ils s'approprieront le signe infamant en inscrivant à la place du mot « juif » les slogans les plus farfelus, et souvent très drôles. Cette opposition imaginative et sympathique à la politique de l'anti-France

1. Général Weygand, *Archives*, Institut Charles de Gaulle.

en conduira plus d'un en prison, fort heureusement pour une courte durée.

La jeunesse de 1940 subit la propagande de l'occupant dans la zone occupée et fait l'objet de toutes les attentions de Pétain dans l'autre zone dite libre ; c'est à son intention que le maréchal créera les Chantiers de la Jeunesse, sachant que les adolescents constituent le vecteur privilégié pour que le message atteigne les adultes et que naisse la nouvelle société. Ç'est ainsi que certains, probablement parmi les plus fragiles, se laisseront séduire par des mouvements extrémistes et se retrouveront enrôlés dans la pire collaboration, croyant de bonne foi rendre service à la France.

L'anomie dont font preuve leurs parents et leurs amis agace la population jeune, car avide d'actions et refusant de se perdre dans de vaines analyses byzantines : la lutte est dans toutes les têtes. Un garçon du lycée Voltaire à Paris demande à son professeur : « Vous nous expliquez le latin et le grec, mais vous ne croyez pas que nous aurions mieux à faire aujourd'hui ? » Tout est dit dans la bouche de ce lycéen du degré de conscience de l'engagement. La poignée de main entre le maréchal français et le chancelier allemand à Montoire-sur-le-Loir les convaincra de l'urgence d'engager la lutte.

Qu'ils viennent de la bourgeoisie, de la classe ouvrière, qu'ils soient catholiques, protestants, juifs, laïques ou communistes, les jeunes de France sont les premiers volontaires pour participer aux sabotages et distribuer les tracts ; et durant quatre ans, sans relâche, ils seront présents sur tous les fronts, luttant avec une énergie certes liée à leur âge, mais également avec l'indicible volonté de chasser la barbarie et de vivre à nouveau libres.

Jetés dans l'action, ils ne craignent ni la mort ni l'arrestation. Ce qui en réalité les angoisse, c'est la perspective de flancher sous la torture et de se voir contraints, à leur corps défendant, de livrer les camarades et le réseau.

IV

PRÉPARATION DE LA MANIFESTATION DU 11 NOVEMBRE 1940

La manifestation des lycéens qui eut lieu à Paris le 11 novembre 1940 à l'Arc de Triomphe, place de l'Étoile, est considérée par tous les historiens comme étant le premier témoignage d'hostilité à l'occupant nazi.

Il s'agit avant tout de laver l'affront de la défaite, de relever l'honneur du peuple français et de rendre hommage aux combattants de la Grande Guerre qui sont pour la majorité les pères des jeunes manifestants. L'objectif n'est pas de créer un acte de résistance, mais seulement une manifestation patriotique en déposant une gerbe sur la tombe du Soldat inconnu.

Les témoins sont unanimes pour déclarer que l'ambiance qui régnait dans la capitale poussa la jeunesse parisienne à l'action. Pierre Lefranc rend compte de l'état d'esprit des étudiants et des lycéens :

« Être Français, avoir dix-huit ans en 1940, c'est assister à l'effondrement de son univers.

Nés aussitôt après la victoire de 1918, les adolescents de cette sombre époque avaient toujours considéré que la France ne pouvait être détruite. Elle le fut en un mois. Les Allemands à Paris, c'était la preuve tangible de l'inconcevable.

Que faire ? L'âme partagée entre le désespoir et l'espérance, comment montrer que l'acceptation représentait le plus inacceptable ? Manifester le refus de tous les abandons officiels, telle était l'obsession, difficile à exprimer. Le pire, ce n'était pas tellement la réalité de la défaite que la résipiscence manifestée par tout ce que le pays comptait de valeurs reconnues. Se dire coupable vis-à-vis des nazis revenait à donner raison aux brigands pour la raison que l'honnête citoyen s'était révélé inapte à se défendre.

Se trouver inférieur dans un combat n'est pas déshonorant ; se soumettre au vainqueur et lui donner raison, c'est le déshonneur et, de surcroît, c'est perdre son âme.

Les nantis trouvaient toutes sortes de bonnes raisons à leur lâcheté ; les jeunes, encore purs et désintéressés, réagissaient sainement. L'ennemi vainqueur reste toujours l'ennemi, un ennemi plus ennemi que jamais. Il ne saurait devenir un ami, sauf pour ceux qui n'ont ni caractère ni fierté. »

Le discours de Pétain appelant à l'arrêt des combats, le 17 juin 1940, avec comme perspective un armistice honteux livrant la France pieds et poings liés à l'occupant, constitua le choc le plus violent qui fût pour la jeunesse française.

Dans le pays, des forces vives entendent poursuivre le combat. Elles seront stoppées dans leur élan par le général Weygand qui convainquit les politiques que l'honneur militaire consistait à déposer les armes. Situation terrible et terriblement humiliante pour les Français qui veulent continuer d'en découdre avec l'occupant, surtout quand on songe que les possibilités de lutter sont réelles, comme l'expose l'historien Henri Noguères : « Ainsi, alors qu'il y a encore, en divers points du territoire français, des hommes qui se battent et qui meurent, c'est le chef du gouvernement qui, le premier, sans toutefois leur donner l'ordre de déposer les armes, signifie aux combattants qu'il tient désormais leur sacrifice comme inutile.[1] »

*

Aucun mot d'ordre n'est venu d'une organisation étudiante et encore moins lycéenne. La mobilisation est née d'un élan spontané. C'est ce qui fait d'ailleurs en partie sa grandeur. Certes, on note des signes d'effervescence, particulièrement au Quartier latin, durant les semaines précédentes. Max Walker se souvient des réunions animées dans le café d'Harcourt, proche du lycée Buffon, fréquenté par la jeunesse estudiantine : « Les étudiants des facultés se réunissaient au premier étage. Geneviève de Gaulle y assistait, le nom de son oncle n'était connu que d'une minorité d'entre nous. Le principal sujet était de savoir ce que nous allions faire. Il est possible que ce soit à cet endroit que j'aie entendu parler du projet d'une manifestation pour le 11 novembre, mais aucun détail n'avait été alors précisé. »

Il ne faut pas croire que tous les étudiants participent aux actions contre l'occupant ; une masse importante d'entre eux considère que leurs études sont prioritaires ; quant aux actions, elles ressemblent le plus souvent à des monômes auxquels le Quartier latin est habitué depuis la création des universités au Moyen Âge. C'est ainsi qu'il y eut la période du lancer d'œufs pourris. Un professeur doit donner à la Sorbonne un cours jugé « antisémite » par les étudiants. Le jour dit, l'amphithéâtre se remplit de garçons et de filles les poches bourrées d'œufs qui leur ont été fournis par un

1. Henri Noguères, *Histoire de la Résistance, la première année (juin 1940 - juin 1941),* Éditions Robert Laffont, 1967.

camarade qui les conservait au garde-manger de ses parents depuis trois semaines. Le professeur entre ; aussitôt un élève lui signifie que l'assemblée ne l'autorise pas à faire son cours. Le professeur veut résister et tente d'exposer son point de vue ; peine perdue, chahut dans les travées, il s'affole, quitte la salle et court chercher de l'aide auprès de la police. Les policiers sont accueillis par une pluie d'œufs qui, finalement, n'étaient pas pourris mais encore consommables. Cruelle réalité où les œufs étaient si rares à cette époque de pénurie alimentaire. Et le lancer de tracts pendant un cours faisait aussi partie de la panoplie des actions antiallemandes.

L'effervescence était le fait d'une minorité attachée au parti communiste à la tête de laquelle se trouvaient Francis Cohen et Suzanne Djian. Le frère de Suzanne, étudiant en lettres, secrétaire national des étudiants communistes, recherché par la police, est contraint de quitter Paris et de se réfugier en zone dite non occupée. Il sera remplacé à la tête du mouvement par Léon Lavallée, Suzanne sa sœur et Pierre Noël, lequel trouvera la mort dans un camp d'internement en Allemagne.

*

François de Lescure est une des figures de l'opposition à l'occupant qui sévit au Quartier latin. Né en 1920, il a donc tout juste vingt ans en 1940 ; il est le fils de l'écrivain Pierre de Lescure qui compta dans la vie littéraire et intellectuelle d'avant-guerre et après la Libération en créant notamment les Éditions de Minuit avec l'écrivain Vercors.

En 1940, Lescure est le président de la corporative des étudiants en lettres. Bien que son père soit affilié au parti communiste, lui n'y a pas encore adhéré. Il franchira le pas à la fin du conflit avec l'Allemagne nazie et, à cette occasion, la particule sera supprimée : il sera tout simplement

François Lescure. Étant président de la *corpo* de lettres, il devient au début de l'Occupation, tout naturellement, pour la zone occupée, le délégué de l'Union nationale des étudiants français (U.N.E.F.).

L'arrestation du professeur Paul Langevin, le 30 octobre 1940, crée un remous dans le microcosme universitaire. Que lui reprochent les autorités allemandes ? Dans ces temps troublés, il en faut peu pour se retrouver emprisonné par l'occupant. On dit Langevin communiste, il est surtout un humaniste ; est-ce une raison suffisante pour connaître la déportation ? Né à Paris le 23 janvier 1872 et mort à Paris le 19 décembre 1946, physicien de renommée internationale pour ses travaux sur le magnétisme, il est également l'inventeur avec l'ingénieur Constantin Chilowski du sonar qui sert à détecter les sous-marins. Langevin est aussi l'auteur du *Paradoxe des jumeaux*, expérience de pensée mettant en évidence les effets de la relativité restreinte.

En dehors de ses travaux et recherches, Langevin occupe une place importante dans le militantisme humaniste. Il signe en 1898 la pétition en faveur de Dreyfus, participe à la création de la Société des Nations, et prend position contre les armes biologiques et chimiques. Il est à l'origine de la création du Comité de vigilance des intellectuels antifascistes. Il sera un compagnon de route du parti communiste sans jamais y adhérer.

En se montrant très actif dans le soutien au physicien, François de Lescure s'inscrit comme le *leader* des mouvements étudiants et fera croire qu'il était à l'origine de la manifestation sur les Champs-Élysées le 11 novembre 1940. Le désaccord entre lui et les lycéens, soixante-neuf ans plus tard, s'il s'est assourdi, n'a pas disparu.

Les lycéens et les étudiants constituaient des microcosmes bien séparés. Ce qui se déroulait au Quartier latin était le plus souvent inconnu dans les autres quartiers de la capitale. Pierre-André Dufetel renchérit : « Était infime le pourcentage de collégiens et lycéens qui avaient une connaissance de la personnalité de Paul Langevin. »

Jean Michaux, lycéen à Janson de Sailly, reconnaît à son tour l'importance numérique des lycéens sur les Champs-Élysées en déclarant : « J'ai su, par la suite, que le gros des manifestants – un millier, au total, selon moi – avait été fourni, pour la plus grande part, par les élèves de Janson, pour une part moindre par Buffon, les autres étant venus de Condorcet et de Carnot. La fac de Droit était assez bien représentée, mais il n'y avait pas eu d'osmose entre eux et nous, car ils étaient, à nos yeux, les grands. »

L'influence des organisations syndicales à cette époque était nulle. Les lycéens de 1940, à l'encontre de ceux de 2009, ne faisaient pas de politique.

Est-ce l'échec de la manifestation de soutien à Paul Langevin le 8 novembre – à peine cinquante étudiants se sont-ils déplacés – qui conduisit Lescure à faire croire qu'il était avec ses amis l'initiateur du mouvement du 11 novembre ? Il témoignera plus tard en déclarant que la manifestation manquée n'est pas à l'origine de celle réussie du 11. Voici ce qu'il déclare à Henri Noguères : « Déjà, nous dit-il, bien avant l'incarcération de Paul Langevin, nous avions décidé de manifester à l'Étoile pour célébrer l'anniversaire de 1918… Nous avions discuté à plusieurs reprises de ces choses, dès le début d'octobre, avec les camarades des JC (Jeunesses Communistes) et du Parti qui nous avaient donné leur appui.[1] »

La consultation des archives ne fournit pas la réponse à la question. Ajoutons que jamais le journal *L'Humanité clandestine* n'évoqua la présence de la jeunesse communiste sur les Champs-Élysées.

Le vendredi 9 novembre 1990, Sylvie Vassalo, secrétaire nationale de l'Union des étudiants communistes, organise

1. Henri Noguères, *op. cit.*

à la Sorbonne, cinquante ans après le 11 novembre, une soirée commémorative à laquelle Francis Cohen et François Lescure participaient. La lecture du compte rendu de la soirée indique l'objectif de ses organisateurs : répondre à ceux qui prétendent que les communistes, entravés par le pacte germano-soviétique, seraient entrés tardivement dans la Résistance.

« On a l'habitude d'apprendre dans les cours, dit Sylvie Vassalo, qu'il n'y a pas eu de véritables résistances avant 1941. Il y a depuis quelques années une offensive médiatisée contre cette période de l'histoire et ceux qui ont eu le courage de résister à l'ordre fasciste. »

Reconnaissons qu'une minorité des étudiants communistes devait souffrir à cause de l'accord de non-agression intervenu entre Hitler et Staline. Ils éprouvaient cependant le même rejet du fascisme que leurs camarades socialistes et, quoi qu'en disent certains, un sincère attachement aux valeurs jacobines. Mais l'alliance entre les deux puissants leur interdisait de s'opposer à l'Allemagne nazie, comme ils souhaitaient pouvoir le faire. Les communistes mis au ban de la société étaient parfois traités de communo-nazis.

Il est un autre sujet qui les perturbait, comme l'écrit l'historien Henri Noguères : « En outre, ils considéraient la guerre qui se poursuivait comme une guerre entre puissances impérialistes, entre lesquelles ils ne voulaient pas choisir ; ils dénonçaient de Gaulle comme un agent impérialiste britannique, à peu près au même titre qu'ils dénonçaient Pétain et Laval comme des agents de l'impérialisme allemand. »

Un tract diffusé dans les rues du Quartier latin exprimait l'état d'esprit que Noguères vient d'exposer : « De Gaulle, c'est le capitalisme anglais ; Pétain, Laval, Doriot, Gitton, c'est le capitalisme germano-français. »

Dans la revue *Clandestine*, n° 22, on pouvait lire : « Les jeunes Français et Françaises n'attendent rien du général de

Gaulle passé au service de l'impérialisme anglais. Ils refusent de choisir entre les deux clans impérialistes de guerre, parce que la victoire de l'un ou de l'autre est toujours la victoire du capitalisme. »

À cela s'ajoutait un autre tiraillement : loin d'éprouver de la sympathie pour l'occupant, les jeunes communistes, en bons marxistes, refusaient de considérer chaque soldat comme un ennemi, estimant qu'il se trouvait parmi eux des ouvriers, victimes et non complices de l'enrôlement du régime nazi. Un autre tract soulignait l'analyse : « Le soldat allemand n'est pas l'ennemi du peuple français ; c'est le capitalisme allemand, français, anglais et italien qui est son véritable ennemi. »

Les archives nous permettent de constater que les mots d'ordre lancés par les dirigeants mettaient à mal une partie de la jeunesse communiste et augmentaient son désarroi que rien, semble-t-il, ne venait atténuer.

À la soirée du 10 novembre 1990, Francis Cohen tenta de dissiper le malaise. S'adressant à une assemblée déjà acquise à la thèse selon laquelle la Résistance communiste fut parmi la première à se manifester, il assena des arguments qui firent mouche. François Lescure raconta ensuite avec force détails la journée du 11 novembre, tout en précisant, malgré tout, qu'il se trouvait bien sur les Champs-Élysées, mais qu'il n'avait pu par sécurité prendre part à la manifestation. C'est en spectateur qu'il avait assisté au déploiement des lycéens.

Voilà ce qu'il fallait dire à propos du débat concernant l'initiative de la manifestation du 11 novembre. Il ne semble pas nécessaire d'en ajouter davantage.

V

LA MANIFESTATION DU 11 NOVEMBRE 1940

Si l'idée de manifester le 11 novembre faisait son chemin, l'envie d'agir a été provoquée par les interdictions promulguées par le préfet de police Roger Langeron sur ordre des autorités d'Occupation. Le soutien à Paul Langevin, même s'il fut un échec, fait craindre malgré tout des débordements au Quartier latin. Cela signifie que la détermination de s'opposer à l'occupant a agi comme une sorte d'autoréflexe. La preuve nous en a été fournie par les témoins qui, dans le journal *L'Aurore,* dans son édition du 11 novembre 1960, vingt ans après l'événement, précisent la raison de leur présence ce jour-là sur les Champs-Élysées : « Pourquoi y étais-je ? Vingt ans après, je peux vous dire que c'est sans doute parce que, deux jours avant, le proviseur du lycée Buffon était passé dans les classes pour nous dire de ne pas manifester le 11 novembre. »

C'est ainsi qu'un tract se mit à circuler dans les lycées et certaines universités dont le texte disait ceci :

« Étudiants de France
Le 11 novembre est resté pour toi jour de Fête nationale.
Malgré l'ordre des autorités opprimantes, il sera jour de recueillement.
Tu n'assisteras à aucun cours.
Tu iras honorer le Soldat inconnu, à 17 h 30.
Le 11 novembre 1918 fut le jour d'une grande victoire.
Le 11 novembre 1940 sera le signal d'une plus grande encore.
Tous les étudiants sont solidaires pour que
Vive la France !
Recopie ces lignes
Et diffuse-les. »

Les « papillons » recopiés sur des feuilles arrachées aux cahiers d'écolier et en nombre suffisant apparaissent partout. Ils fleurissent dans les endroits les plus surprenants. Claude Santelli s'enferme dans chaque W.-C. qu'il trouve et tapisse les murs de l'appel à la manifestation.

Des bénévoles se rendent à la sortie des lycées et distribuent les tracts.

« Je suis devant le lycée Carnot, se souvient Jean Mattyssens, et je commence à distribuer les tracts lorsque surgit le surveillant. Il me dit : "Que faites-vous là ?" Je lui réponds calmement : "Vous le voyez bien, je distribue des tracts." Il m'en arrache un des mains, le parcourt et me lance : "D'accord avec vous, c'est très bien ce que vous faites. Laissez-les-moi et je les distribuerai." »

Mattyssens refuse et avance comme prétexte pour rendre plausible son attitude qu'il craint de ne pas avoir assez de « tracts », pour les distribuer à la sortie des autres établissements, où il doit se rendre. Mais, en vérité, il craint surtout que le surveillant les jette à la corbeille à papiers, une fois qu'il aura tourné les talons. À sa grande surprise, le proviseur propose d'en faire polycopier d'autres exemplaires.

« L'attitude de cet homme me changeait des autres proviseurs qui m'avaient fichu dehors sans ménagement. Celui de Chaptal, je ne suis pas près de l'oublier. »

Mattyssens se souvient de la scène. Il était devant l'entrée du lycée Chaptal lorsque le proviseur arrive et sans ménagement lui arrache des mains la poignée de tracts que le jeune homme s'apprêtait à distribuer. Il prend connaissance du texte, puis lance sur un ton peu amène :

« Dites-moi, votre tract est certes contre l'occupant, mais en réalité cette Occupation est un fait et votre manifestation n'y changera rien. Puis on ne sait pas si vous êtes pour l'Angleterre ou pour Vichy, si ce tract est seulement destiné aux étudiants et seulement aux étudiants. »

Jean Mattyssens admit le bien-fondé de l'observation du proviseur. Peu de temps après le mémorable affrontement avec le proviseur du lycée Chaptal, il retrouve deux de ses amis, Langlois, le frère du créateur de la Cinémathèque, et Jean Ebstein-Langevin, le vice-président de la *corpo* de Droit, lequel n'a aucune parenté avec le physicien.

« Tout excité, je leur dis : "Il faut refaire le tract, il n'explicite pas suffisamment nos intentions." Ebstein étant juif alsacien, je me suis dit qu'il allait réécrire le tract sans perdre de temps. Il s'y est opposé en déclarant qu'il était d'accord pour la manifestation, mais qu'il soutenait Pétain. Autant vous dire que j'étais sidéré. Je me suis écrié : "Comment peux-tu être pour Pétain, regarde le statut des juifs, la poignée de main à Hitler, les lois de Vichy. Non, tu ne peux pas être en accord avec ce régime." Il n'a pas voulu modifier le texte. Je peux avancer, sans craindre un démenti, que le 11 novembre mon ami Ebstein était certainement le seul Pétainiste parmi les manifestants. Fidèle à son engagement, il a présidé, après la guerre, l'association des amis de Philippe Pétain. »

« Je crois savoir que vous avez entendu l'appel du 18 juin ? lui ai-je demandé lors de l'entretien qu'il m'accorda.

— En effet, et nous étions peu nombreux. Je dois à la vérité de dire que ce fut surtout lié à des circonstances familiales. Je connaissais Charles de Gaulle par l'intermédiaire de mon beau-père, le deuxième mari de ma mère, qui lui avait conseillé d'acheter Colombey. »

*

Tous les lycées de la capitale n'ont pas reçu le tract ou la visite de distributeurs bénévoles. Des témoins indiquent qu'ils sont allés manifester de leur plein gré. Le mot d'ordre de se rendre sur les Champs-Élysées qui circulait de bouche à oreille avait suffi à les décider. Le témoignage de Blanche Jacquot, étudiante communiste, le confirme :

« Avec mes camarades du lycée Lamartine, nous avons appris par le bouche à oreille qu'une manifestation aurait lieu l'après-midi du 11 novembre. Notre groupe s'est donné rendez-vous au coin des boulevards Saint-Michel et Saint-Germain devant les thermes. Au bout d'un certain temps, nous nous sommes retrouvés une trentaine, mais sans nous parler, pour ne pas nous faire remarquer. D'autres groupes sont arrivés, du lycée Buffon je crois, d'autres établissements scolaires... Nous voulions tous manifester ce jour-là. Nous voulions affirmer notre honneur d'avoir été les vainqueurs de l'Allemagne de 1918. »

Le choix de se rendre le 11 novembre sous l'Arc de Triomphe et d'honorer la tombe du Soldat inconnu est un acte hautement symbolique. Il s'agit de rappeler à l'occupant la défaite de l'Allemagne, vingt-deux ans auparavant. C'est dans chaque ville, dans chaque village, que se dresse un monument aux Morts devant lequel les anciens combattants se retrouvent à la date anniversaire. La jeunesse, quelle que soit sa condition sociale, a été pétrie durant son enfance de ce recueillement et de ce respect ; fascinée aussi par les souvenirs du père évoquant la dureté des combats, et la fraternité des camarades dans la boue des tranchées.

« J'étais imprégné des souvenirs de mon père, se souvient Jean Deboise ; je ne savais rien du nazisme, mais je n'aimais pas les Allemands. Aussi, quand notre professeur de physique, Monsieur Millot, nous apprit en cours qu'une manifestation était prévue le 11 novembre contre l'occupant et pour le général de Gaulle – j'avais entendu l'appel du 18 juin –, ma réaction fut instinctive, je décidai d'y aller, ce que firent la plupart des étudiants présents ainsi que Monsieur Millot. »

*

Le 11 novembre 1920, le gouvernement de l'époque rend hommage pour la première fois au Soldat inconnu qui, symboliquement, représente ses camarades de combat. Au départ, il avait été question que le soldat soit enterré au Panthéon. La proposition n'eut aucune suite, car elle subit un tollé d'écrivains qui menèrent une virulente campagne. Finalement, le 28 janvier 1921, le cercueil fut inhumé sous la voûte de l'Arc de Triomphe. Sur la dalle de granit les mots suivants furent gravés : *Ici repose un soldat français mort pour la patrie (1914-1918).*

Il faudra attendre 1922 pour que soit instituée la commémoration de la victoire de 1914-1918. Jusqu'à présent, la fin d'un conflit était rarement fêtée. Ce sont les anciens combattants qui ont voulu célébrer cette victoire, ainsi que la fin de la guerre et les sacrifices qui ont été consentis pour y parvenir.

En 1923, le Parlement déclare le 11 novembre Fête nationale, et c'est en 1923 qu'André Maginot, ministre de la

Guerre, allume pour la première fois la flamme du souvenir. Depuis, chaque soir à 18 h 30, la cérémonie se poursuit relayée par les associations d'anciens combattants. L'allumage de la flamme est devenu une tradition comme le livre d'or peut en témoigner où les nombreux hôtes de la France ont apposé leur signature.

VI

LE 11 NOVEMBRE 1940

La météo, ce jour-là, indique un ciel lourd sur l'ensemble du territoire avec l'apparition de vents violents suivis d'averses éparses. Interrogés sur le temps qu'il faisait, les témoins de l'époque ont déclaré qu'il faisait un soleil radieux pour certains, et pour d'autres, qu'il pleuvait. C'est un phénomène bien connu du fonctionnement sélectif de la mémoire. Le même événement vu par une collectivité est presque toujours différemment restitué par chaque participant. Ce préalable indique qu'il est apparu nécessaire de faire un choix narratif : raconter d'abord la manifestation en prenant appui sur les rares archives disponibles et les récits établis par les historiens, puis laisser la parole aux témoins.

La première manifestation commence à 5 heures du matin dans l'aube naissante. Les occupants d'une antique Citroën B2 Torpédo datant de 1921 ne sont plus des étudiants. Le meneur de l'opération est l'avocat André Weil-Curiel ; inscrit au barreau en 1932, né en 1910, il décédera à Paris en 1988.

Quelques semaines auparavant, le jeune avocat eut l'idée de proposer à ses anciens camarades de la faculté de droit, tous membres d'un groupe d'opposants, de se rendre le matin du 11 novembre devant la statue de Clemenceau, située en bas des Champs-Élysées, place de la Concorde, pour y déposer une gerbe de fleurs. Il s'agissait pour ces jeunes gens de témoigner de leur admiration envers l'homme qui ne voulut jamais capituler et ne désespéra pas de sa patrie. André Weil-Curiel avait décidé d'ajouter une immense carte de visite d'un mètre de long portant le nom du général de Gaulle ceinte d'un ruban tricolore au nom de la France Libre.

Chaque membre du groupe avait passé des heures, les jours précédents, à dactylographier des lettres anonymes, qui furent envoyées à des personnes qui « nous semblaient acquises, précise André Weil-Curiel dans le témoignage qu'il accorda à l'historien Henri Noguères ; nous les invitions à venir déposer un bouquet de fleurs tricolore au pied de la statue de Georges Clemenceau pendant la journée du 11 novembre ».

Le jour peine à déchirer le ciel gris de novembre lorsqu'André Weil-Curiel et Léon-Maurice Nordmann sortent de la voiture l'imposante gerbe qu'ils ont commandée la veille chez un fleuriste. Dans son témoignage, Weil-Curiel raconte qu'il ne quitte pas des yeux le lumignon placé au-dessus du poste de police, de l'autre côté de l'avenue. « Je ne voyais que la lumière rouge qui brûlait au poste de police, elle me fascinait. Hypnotisé par cet œil de cyclope à la pupille de feu, je me pris les pieds dans un des arceaux qui bordent le rare gazon des Champs-Élysées et je faillis m'étaler dans mes fleurs. » Il se rattrape de justesse et dépose la gerbe au pied de la statue, tandis que Nordmann fait de même avec la carte de visite grand format portant le nom de Charles de Gaulle. « Nous battîmes en retraite, poursuit Weil-Curiel, car l'œil rouge semblait nous poursuivre et, grimpant avec une étonnante agilité dans la vieille voiture, nous partîmes vers la rive gauche. »

Dans le courant de l'après-midi, les deux compères reviennent sur les Champs-Élysées en « visiteurs » et constatent que, si la carte de visite grandeur nature et le ruban de la France Libre ont disparu, les fleurs en revanche n'ont pas bougé, et des bouquets anonymes sont venus les rejoindre. Ce qu'ils voient leur procure un grand bonheur. Des policiers montent la garde devant la statue de Clemenceau, se bornant pour l'essentiel à empêcher que les passants, déposant leur bouquet, ne stationnent trop longtemps, craignant qu'à la longue se forme un attroupement. Les agents font circuler les Français. « Allons, pas d'attroupements, je vous en prie, c'est interdit, disait l'officier de service d'une voix douce », se souvient Weil-Curiel.

Ce qui fut probablement le plus plaisant à voir pour les deux jeunes hommes fut le moment où surgit le commissaire en personne ; voyant l'amoncellement de fleurs, et ne sachant quelle contenance adopter, il décida de mettre de l'ordre dans les bouquets que les passants avaient lancés à la hâte.

Des groupes s'égrenèrent tout au long de la matinée sous l'Arc de Triomphe, déposant de petits bouquets sur la tombe du Soldat inconnu. Les agents de police en faction sur le terre-plein faisaient semblant de ne rien voir et tournaient ostensiblement le regard dans une direction opposée.

On note un seul incident vers 11 h 45 : une bande d'une centaine de jeunes filles arborant des cocardes tricolores à la boutonnière de leur manteau défila bruyamment sur les Champs-Élysées. Les policiers accoururent, s'opposèrent à leur marche en groupe et, voulant les disperser, leur firent enlever les cocardes. Un homme parmi les jeunes filles, le professeur de sciences naturelles du lycée Lakanal, René

Baudoin, protesta bruyamment contre l'arrivée de la police ; il fut embarqué et conduit au poste de police.

C'est vers 16 heures que les premiers groupes de lycéens font leur apparition. Pour ne pas attirer le regard des policiers, les adolescents déambulent sans arrêt, faisant plusieurs fois de suite le tour de la place de l'Étoile. Si le calme régnait indiscutablement, on sentait un alourdissement de l'ambiance, l'air devenait plus irrespirable.

La tension monta d'un seul coup, comme c'est souvent le cas dans ce genre de situation, lorsque les manifestants arrivèrent à la hauteur du 144 de l'avenue des Champs-Élysées où se trouvait la permanence de deux organisations proallemandes : *Le jeune front* et *La garde française.* Ces organisations dépendaient du *Parti national français collectiviste* créé en 1934 par le journaliste Pierre Clémenti, mouvement qui se voulait socialiste, mais qui était en réalité très proche du fascisme. Il jouera un rôle important dans la création de la *Légion des Volontaires français contre le bolchevisme. Le jeune front* avait pour vocation de réunir des jeunes de seize à vingt ans ; les adhérents de *La garde française*, des hommes à partir de vingt ans.

VII

LA RÉPRESSION

18 heures.

Sans pour autant quitter les lieux, les policiers français laissent la place à une section d'infanterie allemande qui prend position au Rond-point des Champs-Élysées. Les soldats sont impressionnants, baïonnette au canon d'un fusil-mitrailleur chargé d'une bande souple.

L'arrivée des Allemands soulève un cri de colère parmi les lycéens et les étudiants se trouvant à cet endroit. Les insultes et les quolibets fusent. Ne manquant pas de courage, des jeunes Français se portent au-devant des soldats et les invectivent. Allemands et jeunes Français sont face à face. Une bagarre éclate. Les Allemands chargent ; pleuvent alors les coups de crosse et les coups de poing.

Les passants ne sont pas épargnés, frappés avec une identique violence. Des femmes s'évanouissent, des hommes essaient de protéger leurs enfants, les faisant glisser dans leur dos, utilisant leur corps comme un rempart. On ne compte plus les visages portant des marques et des plaies sanglantes.

Les agents de police français viennent prêter main-forte aux soldats et procèdent à des arrestations parmi la jeunesse et parmi les badauds qui sont pris, malgré eux, dans la tourmente. La bagarre fait rage, opposant la jeunesse estudiantine aux forces de l'ordre françaises et aux Allemands.

Les manifestants ne s'en laissent pas conter même si, évidemment, ils n'ont pas les moyens et l'expérience des policiers et des soldats. Ils sont donc nombreux à se retrouver collés face au mur, les mains jointes sur la tête, ou traînés vers des camions militaires dans lesquels ils sont poussés sans ménagement, après avoir été minutieusement fouillés.

Débouchent de l'avenue George-V des camions allemands qui s'immobilisent sur les Champs-Élysées et desquels jaillissent des soldats. Les Allemands se précipitent sur tout ce qui peut ressembler à un étudiant.

Les coups de poing tombent en rafale sur les visages ; les corps sont jetés sur le sol et on martèle les côtes, à coups de botte rageurs, de la malheureuse victime peinant à se relever.

Les trottoirs sont soudainement envahis par des petites voitures militaires allemandes, poursuivant les manifestants en zigzaguant à vive allure. C'est un spectacle dantesque, sorti tout droit d'un récit de science-fiction. Les voiturettes heurtent volontairement les passants, les projetant face contre le bitume, et roulent sur les corps tombés.

Des coups de feu sont tirés. Il ne sera jamais possible de localiser avec précision les endroits d'où ils partent. Les témoignages à ce sujet ne concordent pas. Yves Durand écrit : « Ces faits expliquent que, parmi les témoins interrogés, l'accord ne soit pas unanime sur certaines circonstances. On sait déjà que les uns ont le souvenir d'une manifestation silencieuse, d'autres ont le souvenir d'avoir entendu ou poussé eux-mêmes des cris tels que "Vive la France" ou "Vive de Gaulle". De même, certaines n'ont vu parmi les forces de répression que des policiers français, d'autres n'ont vu que des Allemands. Mais, étant donné l'ampleur et la durée de la manifestation, ainsi que le vaste espace sur lequel elle s'est déroulée, ces contradictions ne sont qu'apparentes ; ce qui se produisit à un moment ou en un lieu donné pouvait être très différent de ce qui se produisait ailleurs ou à un autre moment. »

Dès que les coups de feu retentissent, la confusion sur la chaussée et sur les trottoirs est totale. On se précipite vers les immeubles qui, à cette époque, ne possèdent pas de digicode, ce qui permet de se mettre à l'abri des balles.

Dans l'espoir d'échapper aux tirs, passants, manifestants et employés de bureau, nombreux en cette fin de journée, courent dans tous les sens, se heurtant les uns les autres, s'insultant au passage ; on s'empoigne sans raison apparente, voulant sans aucun doute, par cette épreuve de force, exorciser la peur qui vous broie le ventre.

C'est la folie. Les trottoirs et la chaussée se vident en peu de temps. Place de l'Étoile, une autre scène se déroule, à croire qu'il s'agit de l'acte final de la manifestation.

Les policiers avaient laissé s'installer et grandir des files composées de badauds et de manifestants, où chacun attendait dans le silence le moment où il pourrait déposer son bouquet de fleurs sur la tombe du Soldat inconnu. Les représentants des forces de l'ordre qui se trouvent en faction décident sans crier gare de les disperser et de les refouler au-delà du terre-plein. Personne ne bouge. Les policiers se heurtent à la passivité de la foule. Les agents essaient alors de pousser physiquement les gens hors de l'Arc de Triomphe, sans toutefois y parvenir. La colère monte chez les agents ; se sentant démunis devant l'attitude des manifestants, ils font appel à des collègues qui accourent des rues voisines où ils attendaient l'ordre d'intervenir, la pèlerine pliée, prêts à entrer en action.

Le choc entre la police et la foule est d'une grande violence. Les agents ne parviennent pas, malgré tout, à dégager la place ; ils doivent faire appel aux Allemands qui, eux aussi, attendaient, correctement alignés sur les trottoirs.

Le ciel répercute la funeste cavalcade de bottes. Avec l'arrivée des soldats, la violence monte d'un cran. Les occupants sont poussés hors du terre-plein à coups de crosse de revolver, à coups de pied dans les jambes, à coups de gifles aussi.

Des femmes s'évanouissent ; d'autres, figées sur place, hurlent de terreur. Des hommes âgés tombent sur les genoux et pleurent, le visage dans les mains.

Les Allemands continuent leur travail de dégagement et s'en prennent aux étudiants qui ont réussi à atteindre les abords de la place de l'Étoile ; ils ne se laissent pas bousculer sans réagir ; l'empoignade avec les soldats atteint un autre degré de violence.

Le plus gros de la foule reflue dans les rues ceinturant la place de l'Étoile. Rue de Tilsit, rue de Presbourg, rue Galilée et avenue Marceau. Les Allemands, s'y déployant, poursuivent les manifestants en lançant des grenades, et en tirant au fusil-mitrailleur. Des étudiants sont blessés.

On voit des hommes, des femmes, des jeunes et des moins jeunes, le visage maculé de sang, traînés par les soldats vers des camions bâchés dans lesquels ils sont jetés avec brutalité.

Yves Durand écrit : « Il faut noter, d'ailleurs, la surprise qu'éprouvèrent les manifestants devant la brutalité de la répression allemande. Certes, on ne se faisait pas d'illusions sur les Allemands et l'on savait ou l'on soupçonnait ce dont ils étaient capables ; et, en outre, on manifestait malgré une interdiction. Mais la plupart des manifestants n'envisageaient pas une répression sanglante. Ils ne s'attendaient pas à ce que les Allemands tirent sur eux ; tout au plus s'attendaient-ils aux moyens de répression ordinaires :

coups de pèlerine, à la rigueur coups de matraque ; ils ne pensaient pas qu'ils allaient risquer leur vie ou leur liberté. »

Les archives, du moins ce que l'on peut consulter à la préfecture de police – le dossier concernant la manifestation a été entièrement vidé de son contenu –, et les témoignages se rejoignent sur le nombre de manifestants : il est estimé à deux mille cinq cents. Les arrestations s'élèvent à mille quarante et un. On compte officiellement quinze blessés parmi les lycéens et les étudiants. Les passants n'ont été comptabilisés par aucune institution ; il est donc possible, certain même, que des employés sortant de leur bureau entre 17 h 30 et 18 heures, pris dans la tourmente, ont été blessés et sont rentrés à leur domicile, sans en parler autour d'eux, à une époque propice aux représailles et à la délation, se comptent en grand nombre, sans qu'on puisse pour autant donner un chiffre précis.

*

Jean Ebstein-Langevin et son ami André Pertuzio jouèrent un rôle moteur dans l'incitation des étudiants de la faculté de Droit à participer à la manifestation. À l'âge de la retraite, Jean Ebstein-Langevin décida de mettre au clair les archives de la journée du 11 novembre 1940. Sa mort foudroyante, le 28 août 1998, ne lui aura pas permis de poursuivre ce travail de mise à jour combien nécessaire et qui, aujourd'hui, fait tant défaut pour la mémoire et les chercheurs.

Voici, sous la forme de fragments, des moments relatant la violence à laquelle la police parisienne prit une grande part.

À la hauteur de la station George V, les policiers bloquent les manifestants qui essaient de fuir, en les poussant dans la bouche de métro et en les empêchant de ressortir. C'est ainsi que Pierre-Charles Krieg se retrouve boulant dans l'escalier. Il doit sa chute à un agent qui lui fait un croche-pied et, dans le même temps, lui donne une violente tape dans le dos. « Je peux assurer qu'elles sont très dures, les marches du métro. En me poussant, l'agent hurla à mes oreilles : "Rentre chez toi, petit con." »

Les policiers français repoussent assez mollement des jeunes qui marchent en direction de l'Arc de Triomphe. Surviennent les Allemands ; le peu d'entrain des policiers leur fait croire qu'ils sont de mèche avec les manifestants ; et ils les molestent avec la même énergie employée pour les lycéens et les étudiants.

Pierre Lancry est juché sur son vélo. Cette situation lui permet de circuler sur la chaussée ; il remonte ainsi sans incident jusqu'à la place de l'Étoile, et s'y engage. C'est alors qu'un policier l'arrête : « Monsieur, Monsieur, arrêtez-vous, me dit-il. Voyez… on vous tire dessus. » Le jeune homme se retourne, et découvre, non sans stupéfaction, que les soldats l'ont mis en joue.

Édouard Martin est arrêté par un soldat allemand qui le remet à un gendarme français. Ce dernier lui fait comprendre de se planquer au fond du bus qui attend. Un civil, guère plus âgé que Martin, le fait sortir et le conduit à un officier allemand. « Je n'ai jamais su qui était ce type, mais je pense qu'il appartenait au mouvement collaborateur : Le jeune front. »

L'officier roue de coups le Français, sort sa dague de son fourreau et le poignarde. « Les coups reçus m'avaient anesthésié à tel point que je ne me rendais pas compte qu'il m'enfonçait sa dague dans le corps. » Fort heureusement, des passants parviennent enfin à arrêter l'action criminelle de l'Allemand.

Jean Colson se trouve coincé au coin de l'avenue des Champs-Élysées et de l'avenue de Presbourg. Sans aucune sommation, une section de soldats allemands, baïonnette au canon, charge le groupe dans lequel il est. Colson s'enfuit par l'avenue Marceau. C'est alors qu'une autre unité l'accueille en tirant dans sa direction. Une balle ricoche contre un mur et finit sa course dans le mollet du jeune homme, éclatant les chairs, comme s'il s'agissait d'un fruit mûr.

« Tant bien que mal, je me réfugie dans le couloir d'un immeuble. Un officier allemand me suivait sans que j'y prenne garde et le plus froidement du monde me tire une balle dans la cuisse. Des personnes anonymes qui ont vu la scène interviennent et font pression sur lui pour que je ne sois pas emmené je ne sais où. Il finit par céder, appelle deux soldats, lesquels vont me transporter à l'hôpital Marmottan où je serai soigné et d'où je ne sortirai qu'au mois de janvier 1941. »

Max Walker, voulant échapper à des policiers, entre dans le Prisunic et se planque sous un comptoir jusqu'à la fermeture du magasin.

Une jeune fille, pour échapper à la rafle, est sur le point d'y entrer à son tour, lorsque surgit un soldat, qui l'agrippe, et lui administre une série de gifles. René Chuzeville, assistant à la scène, se rue sur l'Allemand et le bourre de coups de poing. Trois autres soldats arrivent en renfort et, à leur tour, rouent le jeune Français de coups de pied et de coups de poing.

VIII

LA PRISON POUR LES MANIFESTANTS

La confusion est totale quant au nombre de victimes de la répression exercée soit par les policiers français soit par les soldats allemands. Des manifestants sont remis par la police parisienne aux autorités d'Occupation et, inversement, les Allemands ont remis des étudiants aux policiers français. Jean Michaux, dans le témoignage qu'il accorda à Henri Noguères, fait état de la situation de va-et-vient entre les différentes autorités.

Deux policiers français en civil l'interpellent et lui lancent : « Allez, ouste, embarquez-le… » Ils le remettent à deux gardiens de la paix qui lui disent : « Ne t'en fais pas, on va te sortir de là. » L'agent ne termine pas sa phrase. Une voiture surgit dans laquelle se trouvent des militaires allemands. Ceux-ci y font monter de force le jeune interpellé. Les policiers français, qui semblaient compréhensifs quelques minutes auparavant, sont soudainement muets devant les Allemands. Jean Michaux, en prenant place à l'intérieur du véhicule, vient grossir le nombre des manifestants qui s'y trouvent déjà entassés les uns sur les autres.

Il a déjà été dit que la disparition des archives laisse libre cours à toutes les spéculations. C'est ainsi que des historiens affirment qu'il y a cent-vingt-trois arrestations ; d'autres, en revanche, avancent le chiffre de cent cinquante. Quoi qu'il en soit, si l'on en croit les témoignages, le nombre de jeunes incarcérés soit à la prison de la Santé soit à celle du Cherche-Midi est important. Le restant, c'est-à-dire le plus gros de la masse des jeunes qui se trouvaient sur les Champs-Élysées au moment des faits, a été réparti dans les commissariats de la capitale.

Robert Canon n'oubliera certainement jamais les sept heures qu'il passa debout, figé au garde-à-vous, dans une chambre de l'hôtel Édouard VII. Après cette épreuve, il sera jeté pendant un mois à la prison de la Santé.

« L'attitude de la police française, écrit Pierre-André Dufetel, président de l'association des Résistants du 11 novembre, fut souvent moins brutale, partagée entre maintien de l'ordre et compréhension des mobiles de ces gosses qui auraient pu être les leurs. »

Les manifestants sont souvent invités à déguerpir par les agents bougons. Dans d'autres commissariats, ils sont remis aux Allemands après contrôle de leur identité. Cela dit, on ne peut passer sous silence les interrogatoires musclés que subissent les adolescents arrêtés durant la manifestation dans des commissariats par des policiers français. Gifles, coups de poing et insultes pleuvent durant des heures.

Le témoignage de Jean Michaux illustre à lui seul la triste expérience de la détention vécue par les lycéens et les étudiants qui furent jetés en prison.

Jean Michaux est conduit au cabaret *Del Monico*, avenue de l'Opéra, où la Kommandantur a ouvert un bureau. Dès leur arrivée, les jeunes Français sont accueillis par une avalanche de coups de poing sur le visage ; des coups de crosse et des coups de pied dans les jambes leur sont assénés par les soldats allemands en ligne sur un rang devant lesquels ils doivent obligatoirement passer. Chaque manifestant est reçu par deux officiers qui, entre deux hurlements, lui posent la même question : « Quels sont les organisateurs de la manifestation ? », question à laquelle aucun ne peut répondre, se contentant d'indiquer qu'ils en ont appris l'organisation par la rumeur publique.

Réembarqués dans les camions bâches avec lesquels ils étaient arrivés, ils sont emmenés à la prison du Cherche-Midi. Dans la cour, ils subissent un nouveau passage à tabac. Les jeunes détenus passent au milieu d'une double haie formée par des soldats allemands.

« Les types hurlaient, se souvient Jean Michaux, tout en nous frappant sauvagement à coups de crosse, de matraque, de fouet – il y avait beaucoup de fouets –, de pied et de poing. Un gars, à côté de moi, a eu l'air de protester et il a été scalpé d'un coup de baïonnette. Pour ma part, mon nez était en bouillie : seize fractures…Derrière les barreaux, des détenus qui assistaient à la scène se sont évanouis, je l'ai appris plus tard. »

Puis la violence s'est arrêtée. Les Allemands choisissent cinq manifestants et les collent contre le mur devant lequel des mitraillettes sont installées en batterie. Le peloton arrive en petite foulée et se positionne. On peut imaginer ce qui se passe dans la tête de chaque adolescent. Tout chavire, l'environnement n'est plus qu'un écrin amortissant les sons. On est en dehors du temps réel ; seuls les bruits « de culasses que l'on manœuvre » vous replongent dans le présent. Un officier apparaît, il traverse en hurlant la cour à grandes enjambées. Les soldats se sont relevés et se figent dans un impressionnant garde-à-vous.

« Il s'est mis à taper à coups de poing et de pied sur les soldats qui n'osaient pas bouger », se souvient Jean

Michaux, les traitant de « bande d'ivrognes ». Il est vrai que les soldats empestaient le vin.

Après cette épreuve, les jeunes manifestants sont répartis dans les cellules ; d'autres viendront les rejoindre quelques heures plus tard. Le lendemain matin, l'officier entre, fixe chaque prisonnier l'un après l'autre et s'écrie dans un français impeccable : « Mais ce sont des enfants ! » Et, là, il se met à aboyer encore plus violemment que la veille contre les gardiens.

« Ma conviction intime, dit Jean Michaux, est que le peloton s'était formé pour bel et bien nous fusiller. S'il ne s'était agi que d'un simulacre, la scène se serait terminée par les ricanements de nos bourreaux. Et je ne vois pas de quel scénario pouvait faire partie l'intervention brutale du général. Au contraire, je suis persuadé que cette intervention fut spontanée : ce général a dû se dire tout simplement qu'il n'y avait aucune urgence à donner des martyrs au pays occupé. »

Quatre détenus occupent la cellule dans laquelle se trouve Jean Michaux. Impossible de communiquer d'une manière ou d'une autre avec l'extérieur. Les visites sont interdites aux familles, ce qui fait que les jeunes Français incarcérés se trouvent coupés du monde. Au bout de trois semaines – que l'on imagine interminables – vient la levée d'écrou. « Un jour, on nous dit : "Descendez !" Et on nous a libérés. C'était le 4 décembre. »

Après une nuit de cachot, une cellule est attribuée à René Chuzeville. Le matin, il est gratifié, en guise de petit déjeuner, d'un bol d'eau chaude et d'une boule de pain. Le jeudi et le dimanche, il a une assiette d'orge avec, trônant au milieu, un morceau de viande à l'aspect et l'odeur peu engageants. Un dimanche, deux soldats font irruption dans la cellule et l'entraînent dans la cour où ils le plaquent contre le mur. « Je vois arriver le peloton d'exécution avec à sa tête l'officier. On me met en joue… Se passent deux bonnes minutes dans un silence que je vous laisse imaginer. Puis tombe la voix de l'officier qui dit : "Remontez-le dans sa cellule. Nous verrons ça demain." »

Claude Personne est incarcéré à la prison du Cherche-Midi. Chaque jour, il subit un interrogatoire musclé. La technique est simple : une question anodine suivie immédiatement d'une gifle. « C'était désespérant, car je n'avais rien à dire qui fût important ! »

« Ils furent ainsi rendus à leur famille, écrit Pierre-André Dufetel dans un document sur la manifestation du 11 novembre, amaigris et malades, le 20 novembre pour les plus jeunes, le 4 décembre pour 46 autres, le 16 décembre pour le reste, à l'exception de 5 présumés disparus. La relativité de cette "clémence", que l'on peut apprécier au regard de ce que l'on apprit par la suite, s'explique par la politique de collaboration qu'illustrait encore l'affiche montrant un soldat allemand tenant deux enfants dans les bras. »

IX

LES TÉMOINS ET LA MANIFESTATION

La mémoire est volatile, cela a déjà été dit : un événement vécu par une communauté n'est pas restitué à l'identique par chaque participant. Aux témoins que j'ai choisis, j'ai demandé de raconter ce qu'ils avaient vu et comment ils avaient vécu la manifestation du 11 novembre 1940.

Jean Mattyssens est né en France, en 1920, d'un père anglais qui le déclare à sa naissance au Consulat général comme sujet britannique. L'ordonnance allemande de 1940 le considère *de facto* comme sujet anglais et fait de lui un étranger dans son propre pays. Cette citoyenneté non voulue complique la vie du jeune homme à différents niveaux : administratif d'abord et notamment concernant l'inscription en faculté ; ensuite, ses amis risquent la peine de mort en acceptant d'héberger ou de venir en aide à un *étranger*, comme l'indique le texte de l'ordonnance :

« Toute personne qui héberge contre rémunération ou gratuitement un sujet anglais, à la date du 14 octobre 1940 ou après cette date, doit déclarer immédiatement à la

Kommandantur la plus proche, le nom de ce ressortissant, ainsi que la durée d'hébergement ; de même, il aura à déclarer tout changement de localité qu'un ressortissant anglais entreprendra après cette date. Toute personne qui n'aura pas effectué cette déclaration avant le 20 octobre 1940 sera condamnée à mort. »

Ce n'est pas tout. Une autre ordonnance, édictée celle-là par Philippe Pétain, interdit à tout individu étranger d'exercer une carrière dans la fonction publique.

« J'avais préparé le concours de Saint-Cyr, dit Mattyssens, mais l'armée, à ce moment-là, était dans un état pitoyable ; de plus, l'ordonnance de Pétain m'interdisait l'accès à Saint-Cyr. J'ai donc décidé de m'inscrire à HEC [Hautes études commerciales] et à la faculté de Droit. »

La rencontre qu'il fait en s'inscrivant à la faculté de Droit l'entraîne non seulement vers la manifestation mais aussi, ensuite, dans la Résistance.

« C'est le frère d'Henri Langlois qui créera des années plus tard la Cinémathèque. Il se trouvait derrière moi lorsque je me suis inscrit et il a donc parfaitement entendu la question que la préposée aux inscriptions me posa. En effet, celle-ci me demanda : "Êtes-vous français ?" Je lui ai répondu : "Pourquoi me posez-vous une telle question ?" "C'est obligatoire", a-t-elle dit. J'ai hésité et j'ai fini par lâcher : "Je suis français." Langlois approche et me glisse à l'oreille : "On voit bien que tu mens !" J'étais troublé. Nous quittons la faculté de droit et, sur le trottoir, je lui raconte mon histoire. Il me fait comprendre que tout ceci n'a aucune importance ; ce qui est important, en revanche, est de savoir si je me sens français. Bien sûr que je me sentais français. »

C'est de cette manière que Jean Mattyssens se retrouve à la sortie des lycées, distribuant des tracts invitant les élèves à se rendre le 11 novembre sur la tombe du Soldat inconnu.

Avant de partir pour la manifestation, la logeuse de

Mattyssens lui remet un petit bouquet de fleurs en lui recommandant de le déposer sur la tombe du Soldat inconnu.

Il est environ 15 heures lorsqu'il arrive à la place de l'Étoile. Peu de monde, se souvient-il, sous l'Arc de Triomphe. « Je dépose le bouquet de ma logeuse sur la tombe sans être inquiété par les agents de police qui sont en faction. »

Il décide de profiter du temps libre, en attendant l'heure de la manifestation, prévue à 17 h 30, pour se promener. Soudain, remontant l'avenue des Champs-Élysées, au milieu de la chaussée, et se dirigeant vers l'Arc de Triomphe, deux jeunes portent une immense croix de Lorraine composée de fleurs.

« C'était impressionnant, totalement insolite et très émouvant. Les policiers, apercevant l'étrange cortège, se montrent à leur tour très impressionnés. Ils se portent audevant des lycéens et les escortent jusqu'au tombeau du Soldat avec une réelle gravité figée sur leur visage. »

Les élèves du lycée Janson de Sailly ont fait une collecte les jours auparavant. L'objectif était d'acheter une gerbe qui serait déposée sur le tombeau du Soldat inconnu. Igor de Schotten, qui prit l'initiative de l'opération, se rendit le 10 novembre, dans le courant de l'après-midi, en compagnie d'un camarade, Jean Colson, chez le fleuriste se trouvant le plus proche de l'établissement scolaire.

« Je suis entré dans le magasin et j'ai vu arriver un drôle de petit bonhomme. C'était le fleuriste Charles Landra. Avec le petit capital que j'avais récolté, je lui ai demandé de confectionner une gerbe pour le lendemain, lui précisant qu'elle serait déposée sur la tombe du Soldat inconnu. »

« Je me souviens parfaitement de cet instant, enchaîne Charles Landra[1]. Après le départ des deux jeunes gens, je

1. Enregistrement des témoins de la manifestation du 11 novembre : CD Éditions Frémeaux et Associés.

me suis mis à réfléchir, et je me suis dit : “Je ne vais pas leur confectionner une gerbe, mais une croix de Lorraine.” Seulement, l’opération ne se révélait pas simple. Nous étions en fin d’après-midi, le 10 novembre, je n’avais pas de voiture, ni de marchandise pour réaliser ma croix. J’ai envoyé deux commis à vélo aux Halles. Plus le temps avançait, plus je voyais qu’il nous faudrait travailler, ma femme, deux commis et moi toute la nuit. Cette perspective ne nous a pas fait peur, car nous étions très enthousiastes. J’ai trouvé des fournisseurs qui m’ont aidé, parce qu’il me fallait cinq cents œillets blancs. Je voulais les teindre en bleu des Vosges. C’était impossible de le faire par absorption, j’ai donc choisi la méthode de la vaporisation. C’était beaucoup plus délicat, mais le rendu serait plus beau. Il fallait passer trois couches, autant vous dire que nous étions bleus de la tête aux pieds. Le lendemain, lorsque les jeunes sont arrivés, ils ont été surpris. »

La croix composée par le fleuriste est devenue le symbole de la manifestation. Igor de Schotten reproduisit l’événement en 1970 en compagnie de camarades et de personnalités politiques : il remonta les Champs-Élysées portant une croix de Lorraine identique à celle de 1940, qu’il déposa sur la tombe du Soldat inconnu. L’association des Résistants du 11 novembre continue chaque année de se fournir dans la même boutique auprès des successeurs de Charles Landra.

Jean Mattyssens a tout juste le temps de s’entretenir avec Igor de Schotten que les policiers arrivent au pas de charge, pèlerine en action, bientôt suivis par les voitures chenillettes allemandes qui zigzaguent sur les trottoirs.

« J’ai compris que la situation devenait dangereuse, d’autant que j’ai entendu des coups de feu. J’ai filé par la rue de Tilsit, je suis redescendu vers l’avenue de Wagram en courant. Je dois avouer que, ne pouvant retrouver mes camarades au Rond-point des Champs-Élysées, qui était le lieu du rendez-vous pour que nous puissions remonter l'avenue, et empêché par l'arrivée des agents de police français et des Allemands, j'ai été finalement plus spectateur qu'acteur.

— Avez-vous craint d'être repéré ?

— Je n'y ai pas pensé. Je ne crois pas avoir été fiché par la police. Je suis rentré à HEC tout en travaillant aux côtés de ma tante, la comédienne Jeanne Boitel, "Mozart" dans la Résistance, où moi-même j'avais hérité d'un pseudonyme : "Menuet". »

Pour Jean-Claude Brisville, la journée du 11 novembre est inoubliable et cela pour deux raisons. La première, c'est qu'avec la manifestation des lycéens et des étudiants, il a l'impression que la France, qui se taisait depuis la défaite, retrouve sa voix, ce qui lui apparaît comme une sorte de renaissance et le remplit de bonheur. L'autre raison, c'est qu'il assiste pour la première fois à une représentation théâtrale et pas dans n'importe quel théâtre : il doit se rendre à la Comédie-Française à 18 heures où y est joué *Le Cid.*

« Je ne savais rien de la manifestation. Venant de Bois-Colombes où je vivais chez mes parents, au début de l'après-midi, étant en avance pour la représentation, je décidai d'aller me promener sur les Champs-Élysées. Il faisait un joli soleil. Soudain, venant du Rond-point, j'entends chanter l'hymne national. Je vois apparaître au loin une colonne d'adolescents qui se dirige vers l'Arc de Triomphe. Lorsqu'elle arrive à ma hauteur, je me coule dans la colonne. Nous marchons ainsi pendant quelques minutes et, d'un seul coup, tout se disloque autour de moi. C'est la police française qui nous charge et nous assène de violents coups de pèlerine. Pour ma part, je ne suis pas près d'oublier la volée que j'ai reçue sur le dos. »

Le jeune homme atteint la rue de Tilsit où il s'échappe en direction du parc Monceau. Il laisse loin derrière lui la manifestation, car un autre événement l'attend.

« Cette représentation du *Cid* fut à l'origine de ma passion pour le théâtre. La distribution était pour ainsi dire magique : Jean-Louis Barrault jouait Rodrigue ; certes, il lui manquait vingt kilos, mais la magie a joué en sa faveur. Madeleine Renaud était l'Infante et Marie Bell, Chimène. La mise en scène était de Jacques Copeau. Emporté par la pièce, bientôt je n'ai plus rien senti de mon dos meurtri par les coups de pèlerine.

— Avez-vous fait ensuite de la Résistance ?

— Oui, des petites choses qui, comparées aux actions de certains de mes camarades, ne méritent pas que l'on s'y attarde. »

X

AUTRES TÉMOIGNAGES

Pierre-André Dufetel est né le 11 novembre 1922 à Boulogne-sur-Mer d'un père qui fut mutilé à la guerre de 1914-1918. Comme la majorité des lycéens, il a été mis au courant de la manifestation en recevant d'un camarade un tract qui avait été rédigé à la main.

À 17 heures, Pierre-André Dufetel, venant du lycée Condorcet, débarque sur l'avenue des Champs-Élysées où il retrouve des lycéens. Le groupe se met en mouvement et se dirige vers la place de l'Étoile. À la hauteur de l'hôtel Claridge, il se produit un incident :

« Devant l'hôtel se trouvaient des barrières qui interdisaient aux passants de s'approcher. Des manifestants les avaient bousculées, elles étaient renversées sur le trottoir. Devant l'entrée, un soldat allemand montait la garde, il n'avait semble-t-il le droit de regarder ni à droite ni à gauche. Un sous-officier, sous le porche, sur un coup de sifflet, le faisait mettre au garde-à-vous lorsqu'un visiteur entrait ou sortait.

Le soldat qui a sensiblement le même âge que les manifestants est blanc de peur, la panique se lit dans ses yeux. Les jeunes Français, entendant le crépitement des mitrailleuses allemandes, sont pris de panique à leur tour et, dans un mouvement de défense, l'un d'entre eux se précipite sur le fusil du soldat avec l'intention de le lui arracher.

Avec deux ou trois de ses camarades, Pierre-André lui vient en aide. Le soldat se recroqueville sur lui-même et, en tombant au sol, se roule de telle sorte qu'il est impossible d'atteindre son arme. « Cela dit, avec le recul, avoue Pierre-André Dufetel, je me dis que si nous avions pu lui arracher son fusil et que les Allemands nous étaient tombés dessus à ce moment-là, le pire aurait pu avoir lieu. »

Les voitures chenilles allemandes font leur apparition, chassant les manifestants ; le groupe de lycéens explose et se recompose quelques mètres plus loin. « Nous atteignons la place de l'Étoile. Pour ma part, je réussis à faire un tour presque complet lorsque soudain débarquent les camions dont la bâche relevée laisse voir dans chacun d'eux une mitrailleuse pointée sur les manifestants. »

À ce moment-là, règne la plus grande confusion. Pierre-André Dufetel voit ses camarades frappés à coups de crosse de fusil par les policiers français ; d'autres reçoivent des volées de gifles que leur administrent les soldats allemands.

Devant ce spectacle qui lui vrille les nerfs, il se met à hurler : « Bande de salauds ! Bande de vaches ! » Venant dans son dos, un type le saisit, lui balance des coups de poing sur la figure, et l'entraîne de force vers un officier allemand, lequel me gratifie d'un discours en hurlant. « Si je ne comprends pas le moindre mot, je suppose aisément qu'il ne m'adresse pas des paroles de bienvenue. Il se produit un remous un peu plus loin ; l'Allemand tourne la tête et je profite de cette diversion inespérée pour me libérer d'un coup de coude et foncer droit devant moi. Je rentre chez ma mère dans un piteux état, vêtements en lambeaux et le visage couvert d'hématomes. »

« — Que faites-vous ensuite ?

— Je collabore à un réseau de résistance. »

Thérèse Raymond est institutrice à Sartrouville où d'ailleurs elle demeure. Une fois par semaine, elle se rend à la faculté avec l'intention de poursuivre des études de droit.

« L'après-midi du 11 novembre, je suis dans le couloir devant la porte d'une classe et j'attends que mon cours commence. Passent des étudiants qui nous informent qu'une manifestation est prévue à 18 heures sur les Champs-Élysées. Le groupe que nous formons s'interroge : — On y va ?... On n'y va pas ? Bref, ce n'est pas l'enthousiasme ; nombreux sont ceux qui se montrent réticents à l'idée même de sécher un cours. Moi, je me dis que je vais y aller. »

C'est à pied que la jeune fille fait le trajet depuis le Quartier latin jusqu'au Rond-point ; il est 16 heures.

« D'un seul coup, c'est la pagaille. Je vois des gens courir dans tous les sens, j'entends des coups de feu claquer. Je ne sais pas quelle décision prendre, quand soudain un homme me saisit le bras et me dit : "Oh, ma petite, surtout n'allez pas plus loin." Je pense qu'il a raison et je rebrousse chemin en direction de la gare Saint-Lazare où je prendrai un train pour Sartrouville. »

Les semaines passent. Thérèse Raymond reçoit une convocation du commissaire de sa ville l'invitant à se rendre à son bureau dans les meilleurs délais, selon la formule consacrée. La jeune fille apprend qu'elle a été vue sur les Champs-Élysées le 11 novembre, et qu'il est contraint d'envoyer un rapport à l'Académie de Versailles.

« Encore aujourd'hui, je me demande comment la police a su que je me trouvais à la manifestation à laquelle d'ailleurs je n'ai pas participé. Le commissaire me passe un savon et puis la conversation change de ton ; il me fait comprendre qu'il fait partie d'un réseau de résistance. Il m'annonce que mon père qui se trouvait à Lyon vient d'être arrêté ; il me recommande de quitter Paris au plus vite et de le rejoindre, car, précise-t-il, je risque d'être arrêtée à mon tour. »

Thérèse Raymond reçoit, quelque temps après cette convocation au commissariat, une autre convocation émanant celle-là du recteur de la préfecture de Versailles. Elle s'y rend, naturellement.

« J'ai l'impression que le ciel me tombe sur la tête en entendant le préfet me signifier ma révocation de l'Éducation nationale. J'essaie de lui faire entendre que j'ai classe le lendemain, et que les enfants m'attendent. Ma plaidoirie est inutile, il ne veut rien savoir. »

Le témoignage de Pierre Lefranc provient de quatre sources [voir bibliothèque sélective]. Le montage de celles-ci m'a été recommandé par l'auteur lui-même.

C'est vers 15 heures que Pierre Lefranc arrive au Rond-point des Champs-Élysées en compagnie de son cousin. Lefranc est né en 1922, il a donc dix-huit ans.

« Mon cousin ne croyait pas que nous allions en une après-midi faire vaciller la puissance allemande. Je tentais de lui expliquer que les grandes actions commençaient toujours par un petit signe, et qu'il fallait qu'on sache à Berlin, tout comme à Washington, que les Français n'acceptaient pas l'Occupation. »

Il y a du monde sur les Champs-Élysées et, en dépit de la pluie annoncée, il fait en réalité un joli soleil. Les terrasses des cafés sont bondées, les gens boivent tranquillement ; difficile de croire que le pays est occupé par une puissance étrangère, si ce n'est la présence des panneaux indicateurs ou les affiches rédigées en allemand qui blessent la vue. Lefranc et son cousin se coulent dans un groupe d'étudiants qui se dirigent vers l'Arc de Triomphe en braillant à tue-tête *La Marseillaise* ou des « *Vive de Gaulle* », alors qu'ils sont nombreux à ne rien savoir de l'homme dont ils énoncent le nom comme on pousse un cri de liberté.

« Dans l'effervescence, je ne peux m'empêcher de m'arrêter devant le siège du Parti français national-collectiviste. À considérer les chemises brunes, les baudriers et les bottes dont ces jeunes imitateurs étaient revêtus, on aurait pu croire que leur zèle militant se mesurait au degré de ressemblance avec les nazis. »

Lefranc entraîne son cousin et une petite tribu à sa suite. Si l'objectif caché est la provocation, il la déguise en faisant croire aux jeunes gens raides comme des piquets derrière le comptoir qu'ils veulent être éclairés sur leurs intentions. Voyant entrer le groupe, les jeunes fascistes les accueillent par un impeccable salut nazi.

« Je leur demande ce que signifie leur salut. Ils répondent que cela veut dire : Je viens à toi sans armes. Puis ils enchaînent et nous déclarent que primo le Führer avait toujours raison, et secundo que le goût des Français pour critiquer les décisions de ceux qui savaient où se trouvait le bien du peuple les avait menés là où ils méritaient d'être, c'est-à-dire au-dessous de tout. Pour clore le tout, les propagandistes présentent des bulletins d'inscription qu'ils reçoivent en travers de la figure. »

Un mot succède à un autre ; la conversation devient un brouhaha et se termine comme il fallait s'y attendre par une empoignade. Un chantier se trouvant à proximité fournit les pavés que les manifestants envoient dans la vitrine.

« À ma stupéfaction, les aspirants nazis ne réagissent pas, ils se contentent de disparaître par une porte du fond. Cette minuscule victoire fit naître en nous l'illusion de la puissance. »

Le groupe poursuit son chemin. Des soldats allemands sortent d'un Prisunic, les bras chargés de paquets. Enivrés du succès avec les jeunes fascistes, les Français se ruent littéralement sur les soldats, juste au moment où ils prennent place dans une voiture décapotable.

« On se jette sur la voiture et on commence à la secouer. Les occupants sont stupéfaits, les badauds aussi. Les Allemands s'énervent et, pour en finir, la voiture fonce sur nous. Les Allemands qui sont installés aux terrasses sont soudainement pris de panique et plongent littéralement dans la bouche de métro. »

Plus gonflé que jamais, le groupe repart à l'assaut de la place de l'Étoile. Pierre Lefranc raconte une anecdote que l'on retrouve avec très peu de variantes dans tous les témoignages qu'il a donnés sur le 11 novembre. Voici la version la plus complète.

« Ça chauffe ! reconnaît mon cousin. Et voici ce que nous voyons : un employé de la ville, un balayeur de trottoirs, s'est immobilisé ; appuyé sur son simple ustensile de bois et de branches, il suit du regard un superbe officier qui se dirige à grandes enjambées pour s'abriter dans la bouche de métro. Soudain notre homme brandit à deux mains son balai et en assène un maître coup sur l'*Oberleutnant.* Ce dernier, pris par surprise, vacille : le balai s'abat à nouveau. L'officier porte la main à son pistolet mais la foule a vu, elle crie, les poings se tendent, le militaire se met à courir et dégringole l'escalier de la station sous les injures de l'assistance. Le balayeur, un homme âgé, soulève sa casquette et de son bras s'essuie le front. »

Les jeunes repartent bras dessus bras dessous, occupant toute la largeur du trottoir, chantant *La Marseillaise* et criant des *Vive de Gaulle.* « Les chants et les clameurs se succèdent. Le nom de de Gaulle est déjà, pour tous ces jeunes, synonyme d'honneur et de liberté, il est cent fois lancé et cent fois repris à pleine voix. »

On pourrait croire que les agents de police et les soldats allemands ont déserté les Champs-Élysées ; il ne s'en trouve plus un seul de visible. Ce n'est qu'un espoir de courte durée. Des soldats de la Wehrmacht apparaissent avec leur officier en tête du détachement ; ils se déploient en éventail devant la place de l'Étoile. Sur un ordre lancé par le supérieur hiérarchique, les tireurs se positionnent derrière chaque fusil-mitrailleur.

Les clameurs et les chants se sont tus ; les jeunes sont immobiles et fixent sans peur, comme anesthésiés plutôt, ceux qui en face peuvent ôter la vie.

« Ça va craquer. Ai-je peur ? Oui et non. Nous nous sentons vulnérables devant cette mécanique, comme du cristal qu'un choc va volatiliser, si désarmés, mais aussi à cet instant nous devenons une réalité, nous existons, nos cris ont brisé le silence qui entourait le grand corps. Dans un instant, va se produire l'événement. »

Le premier coup de feu éclate. Pierre Lefranc écrit cette phrase admirable dans une des versions de son témoignage : « Le premier coup de feu annonce au monde que la France est vivante ! »

La partie ne fait que commencer. Entre celui qui supprime la vie et celui qui veut la conserver s'engage une partie de cache-cache. Le jeune homme se réfugie à l'entrée de la rue de Presbourg et se planque dans l'angle protecteur d'un immeuble. Sur la façade au-dessus de sa tête explosent des éclats de plâtre.

Une vague de soldats poursuit des jeunes Français. Lefranc s'engage tête baissée dans l'avenue Marceau ; il ne peut imaginer à cet instant qu'il est une cible magnifique, cherchant un refuge là où il n'y a rien. La grenade lui explose dans les jambes ; fauché sur place comme un soldat de plomb, de tout son poids, il choit sur le pavé.

« Me voici étendu sur le vieux macadam parisien. Des bottes sont passées à quelques centimètres de ma tête. Curieux décor pour un baptême du feu que celui des promenades dominicales et du parcours d'un autobus familier. »

Ça tire de partout. Il veut se relever et décamper en direction de la Seine, mais la jambe blessée ne suit pas ; il retombe sur lui-même à la manière d'un pantin désarticulé qui a épuisé son mécanisme. Des soldats le saisissent sous les aisselles et le tirent ainsi jusqu'à l'avenue des Champs-Élysées désormais vide ; étrangement vide comme un monde en suspens. Il reçoit l'ordre de se tenir debout et de laisser les mains en l'air. « Nous sommes une trentaine, les mains en l'air, tournés vers le mur. Nous nous regardons, nous ne nous connaissons pas. C'est la toute première avant-garde. »

On le hisse dans un camion ; il entend qu'on l'emmène avec les autres à l'hôtel Continental. Alors qu'ils sont parqués dans la cour, arrivent d'autres contingents de jeunes Français. Certains d'entre eux ont le visage amoché, d'autres, les vêtements déchirés qui laissent entrevoir des éclats de chairs tuméfiées. Bientôt, plus de cent jeunes Français sont rassemblés dans la cour, inquiets de la suite des événements ; on ne se parle pas, on s'interroge du regard. Pierre Lefranc a un problème qu'il veut résoudre au plus vite. Ses poches sont bourrées de tracts qu'il doit impérativement faire disparaître. Opération rendue difficile par l'enfermement ; la seule solution qui s'offre à lui est de les avaler.

« Manger une feuille de papier ne paraît pas une affaire, mais à la moitié de la première, je n'ai déjà plus de salive, et je ne connais aucun de ceux qui m'entourent pour leur demander de l'aide. »

Prétextant qu'en position debout sa blessure à la jambe augmente ses souffrances, le gardien l'autorise à s'asseoir sur le bord d'une jardinière ; ainsi, peut-il discrètement enfouir sous les feuilles les tracts compromettants.

Sous la pluie, l'attente est longue, entrecoupée de l'apparition d'officiers allemands qui, cigare aux lèvres et verre d'alcool dans une main, examinent longuement « ces malingres représentants d'une France qu'ils croyaient morte ».

Ils sont introduits dans un grand salon où un officier allemand les attend et leur explique dans un français impeccable que leur action ne sert à rien, qu'ils se trompent d'objectif et, dans la foulée, il leur annonce qu'ils sont désormais en état d'arrestation. Les visages des manifestants pâlissent sous l'effet de l'information. La nuit est venue lorsque les détenus sont répartis dans différents camions bâchés. Pierre Lefranc mûrit le projet de tenter une évasion durant le trajet vers la prison.

« Après quelques tournants, j'écarte la bâche et reconnais la place de la Concorde, mais je vois aussi, à trois mètres derrière, un side-car dont l'un des passagers braque dans ma direction sa mitraillette, sans doute pour me faire comprendre ses intentions. » Il sait aussi que sa jambe handicapée ne pourra répondre aux efforts qu'exige une évasion.

La destination n'est pas une prison, mais à nouveau un hôtel de luxe : le Majestic. Il s'agit, pour l'essentiel, d'établir une fiche d'identité. Les questions faussement naïves pleuvent : « Que faisiez-vous sur les Champs-Élysées ? Quel était le but de la manifestation ? » Pierre Lefranc, dans l'un de ses témoignages, explique que si des jeunes se trouvaient là sans grande conviction, devant la machine nazie parfaitement huilée, leur résolution de combattre grandissait minute après minute.

« Je réalisais combien serait long le chemin qui s'ouvrait devant nous et l'énormité des obstacles qui nous attendaient. »

Nouveau départ et arrivée cette fois à la prison de la Santé. La rencontre du monde carcéral est un choc d'une violence inouïe pour ces jeunes Français qui, tous, viennent d'un milieu bourgeois. Le dépouillement obligatoire

– remise de la cravate, de la ceinture et des lacets de chaussures – constitue une épreuve que d'aucuns n'oublieront pas et qu'ils subissent en cet instant comme une épreuve dégradante. Gêné par sa jambe blessée, Pierre Lefranc ne peut marcher aussi rapidement que le souhaiterait le gardien qui l'accompagne vers sa cellule et qui manifeste des signes d'impatience. C'est ce même gardien qui, au moment de refermer la lourde porte sur le jeune homme, lui lance :

« Voilà ce que c'est que d'faire l'imbécile. Paraît qu'ils vont tous vous fusiller. Ça s'ra bien fait pour vos gueules. Profite de ta dernière nuit, p'tit morveux. »

« Je reprends mon souffle et reste là avec ces mots plantés en moi. La douleur à ma jambe ne m'accapare plus. Une angoisse inconnue prend corps, grandit, déploie ses ailes noires. Quoi ? Je vais mourir ? »

Avons-nous assez d'imagination pour saisir l'angoisse qui accable le jeune homme assis sur la paillasse pourrie où grouille une armée de punaises ? Les mots dansent dans sa tête, il va donc mourir, sa vie va lui être ôtée, alors qu'il n'a pas encore vécu. Il a tout juste dix-huit ans !

« Ce soir-là, je compris, pour toute ma vie, que seule demeurait indiscutable la dignité de soi. C'est une valeur subjective, elle varie avec chaque femme et chaque homme, mais pour chacun elle est la vérité, la vérité absolue, que personne d'autre ne peut contester. Au bout du chemin, à la fin des discussions, il reste cela, l'image qu'un être humain se fait de sa propre dignité. »

On le conduit le lendemain à la prison de Fresnes pour que sa jambe soit soignée ; cela fut fait sans anesthésie, « sans doute pour me laisser un souvenir durable ».

Pendant le long mois que dure l'incarcération, le jeune homme essaie d'imaginer ce qu'il va advenir de lui. Va-t-on l'envoyer en Allemagne ? Sera-t-il exécuté pour l'exemple ?

Servira-t-il d'otage ? « C'est dire que la petite flamme de l'angoisse demeurait bien vivante. »

La levée d'écrou se passe sans que lui soit fournie la moindre explication. Il se retrouve à l'extérieur sans moyen de rentrer à son domicile et surtout incapable de marcher. Passe un marchand de « bois et charbon » qui pousse une voiture à bras. Le bougnat accepte de le transporter jusqu'à la rue d'Assas où demeurent ses parents. Pendant le trajet, il raconte à l'homme de cœur son intention de poursuivre la lutte.

« Il me regarda alors avec un éclair dans son œil plus noir encore que son visage et répondit par ces paroles prophétiques : “Alors, t'en verras d'autres. Ça ne fait que commencer.” En maintes occasions, je devais me rappeler la grande perspicacité de cet homme simple et sage. »

Philippe Boiry est né en 1927, place du Châtelet à Paris, dans le 1er arrondissement. Comme il aime à le dire : « Étant né dans le 1er arrondissement, on ne peut pas être plus parisien. » Élève à Janson de Sailly, c'est par un cousin étudiant dans le même lycée qu'il apprend le projet de la manifestation.

« En effet, mon cousin me donna un petit bout de papier qui avait été découpé dans une feuille de cahier d'écolier dont le texte invitait à se rendre à 17 h 30 sur les Champs-Élysées. Je décidai de m'y rendre. »

Son père et son oncle sont deux anciens combattants de la guerre de 1914-1918 ; se rendre à l'Arc de Triomphe est aussi pour l'adolescent – il a treize ans – une façon d'honorer son père et son oncle, tout en faisant un pied de nez à l'occupant.

Un groupe de quatre ou cinq élèves se forme et part pour la manifestation. Il est 16 heures. « Comme nous arrivons en avance, nous décidons de nous offrir une petite promenade sur les Champs, et de faire de longues stations devant les cinémas. » Des groupes de plus en plus nombreux envahissent les trottoirs et entonnent *La Marseillaise.*

« Brusquement, la folie semble s'être emparée des gens. Ça court dans tous les sens, on entend des hurlements, puis des coups de feu. Un garçon tombe devant moi, blessé à la jambe. Je crois qu'il s'agissait de Pierre Lefranc, mais je ne le jurerais pas. Une vague accompagnée d'une longue plainte reflue dans la direction du Rond-point. J'en comprends la signification lorsque je vois arriver un camion allemand bâche soulevée d'où émerge une mitrailleuse pointée dans la direction de la masse des manifestants. »

En arrivant au Rond-point, la police qui attendait procède à des arrestations. Philippe Boiry se retrouve au commissariat du 16e arrondissement. « Je n'ai subi aucun interrogatoire, juste une vérification d'identité, et je fus éjecté avec un coup de pied aux fesses. J'étais un gamin.

— Malgré votre jeune âge, avez-vous participé à des actions de résistance ?

— J'ai distribué des journaux clandestins. »

*

Voici l'extrait d'un document trouvé à la bibliothèque de l'Institut Charles de Gaulle, grâce à l'obligeance de son documentaliste, Guillaume Papazoglou. Il s'agit du journal tenu par Micheline, une adolescente de quatorze ans. Chaque jour, la jeune fille note les événements personnels auxquels elle est confrontée, mais aussi ce qui se passe dans la capitale. Les cahiers furent perdus et miraculeusement retrouvés trente ans plus tard ; l'auteur les offrit à l'Institut. Un seul a disparu dans la tourmente. L'ensemble nous donne un témoignage émouvant et naïf à la fois sur la vie quotidienne d'une jeune Française pour laquelle le nom de l'homme de la France Libre n'était qu'une lueur dans la nuit. L'extrait concerne la journée du 11 novembre 1940. Micheline écrit :

« Lundi 11 novembre 1940.

Matin 7 heures – Encore une alerte ! Je me lève parce que c'est l'heure, mais cette fois nous ne descendrons pas ! On se barbe trop en bas ! Tout le monde pense que ces alertes sont faites pour embêter les gens et leur faire détester les Anglais seulement.

Huit heures quinze. Voilà la fin de l'alerte. Une heure – On nous dit que les Anglais allaient bombarder aujourd'hui parce qu'Hitler devait se rendre à l'Arc de Triomphe. Je suis inquiète et énervée. J'ai un peu peur, mais j'irai quand même. S'il y a un bombardement, c'est une raison de plus pour que j'y aille.

Sept heures. J'y suis allée. J'ai vu. Je n'ai pas vaincu mais j'ai manifesté. J'aurais regretté si je n'y étais pas allée.

Quand nous sommes arrivées, Yvette, Monique et moi (maman ayant défendu à Nicole d'y aller), il n'y avait que deux ou trois Boches sur l'avenue des Champs-Élysées.

À l'Étoile, nous retrouvons les élèves du lycée et nous passons sous l'Arc. Foule immense, silencieuse et recueillie. Les gens ont enlevé leurs chapeaux, font le signe de la Croix. La flamme, cette flamme immortelle, était entourée de fleurs. Au milieu, une immense couronne avec un ruban français, un [autre] anglais ! Naturellement pas un Boche sous l'Arc. Ça faisait penser à un reposoir. Presque tous les étudiants avaient un drapeau français ou anglais à leur chapeau. Nous formions un groupe. Les agents nous disent de circuler. Nous leur répondons : La barbe, et d'autres personnes viennent se joindre à nous. Nous rencontrons S… et sa mère qui nous disent : "En bas, les étudiants ont manifesté et nous avons vu les 'Boches' foncer dedans à toute vitesse en auto. Heureusement, aucun d'eux n'a été blessé."

Nous descendons. Il y a un rassemblement devant le Tyrol. Nous quittons les élèves du lycée. Yvette, Monique et moi nous allons voir ce qui se passe. Nous n'avons pas très bien compris ; il y avait une centaine d'étudiants parqués dans le hall du Tyrol. Il paraît que c'est parce qu'ils avaient manifesté. Une affiche boche qui était à la porte quand nous sommes montées, et que nous n'avons pas pensé à lire, avait été arrachée. Puis, de l'autre côté, nous voyons un homme bien, assez âgé, emmené par des civils qui le maltraitaient et le rudoyaient. Nous entendons les gens siffler, nous traversons et suivons.

Avenue des Champs-Élysées, de place en place, étaient des camions allemands fermés. Des officiers attendaient à côté, une trentaine. Ils sont tous tombés sur le pauvre type qui, paraît-il, avait manifesté, lui ont envoyé des coups de pied dans le ventre et finalement l'ont hissé à moitié mort dans la voiture.

Tous les gens qui passaient se sont mis à hurler et nous avec. Il y avait d'autres types dans les camions. Et ces c… de Boches qui riaient ! Nous les avons traités de cochons, vaches, salauds et toutes les bêtes de l'arche de Noé. Finalement, un des civils nous a crié : "Est-ce que vous avez l'intention d'y aller aussi ?"

Nous avons crié de plus belle, craché sur les Boches, etc. Et puis, il a commencé à pleuvoir et nous sommes parties. [Micheline veut dire qu'avec ses amies, elles ont quitté l'endroit où elles se trouvaient et ont poursuivi leur chemin sans quitter en réalité les Champs-Élysées. Cette explication semble nécessaire pour comprendre la suite.]

Arrivées aux Champs-Élysées, nouveau rassemblement. Des Boches ont été blessés dans la bagarre et on a appelé des ambulances. Les Français exultent, les Boches sont moroses.

Et puis nous tombons juste en face d'un cercle de gens qui sont en train de jouer au ballon avec un officier boche comme avec un mannequin. Il passait de poing en poing et chacun lui disait une injure. Il avait l'air d'être prêt à pleurer. Monique était rentrée chez elle (elle habite rue Marbeuf) mais Yvette et moi, nous étions férocement joyeuses. J'aurais été plus contente s'il avait été un des 30 du camion, parce que celui-là avait l'air mieux, mais tant pis pour lui, c'était un Boche !

Enfin, nous sommes rentrées (j'ai oublié de dire que les autres Boches regardaient sans rien dire leur camarade battu) parce qu'il pleuvait trop, mais avec regret.

J'avais des bas de soie splendides et j'étais enchantée parce que toutes les femmes boches regardaient mes jambes avec envie. J'ai trouvé ça très drôle. Dans le Quartier latin, les étudiants se sont promenés en tenant une petite gaule et en criant : Vive... Vive... Vive... Tous les gens, même les Boches, se tordaient de rire. En ce moment, il est 7 heures. On se bat avenue de l'Alma à la grenade et au fusil.

Ah ! mes enfants ! Qu'est-ce qu'on va avoir comme représailles ! Mais je peux dire : J'y étais ! »

XI

LES SUITES DE LA MANIFESTATION

La presse collaborationniste ne semble pas pressée de relayer l'information de la manifestation. Il faut dire que les autorités de Vichy ainsi que celles de l'occupant furent surprises par l'ampleur du mouvement populaire du 11 novembre et que, partant, ni les unes ni les autres n'avaient envie de mettre en avant un tel soulèvement, sans doute par crainte que le même phénomène se reproduise ailleurs en prenant appui sur une autre commémoration.

Ce n'est qu'à partir du 16 novembre que les journaux commencent à l'évoquer. S'y étalent les amalgames habituels : complot anglo-maçonnique à la solde de la juiverie internationale, et présentant les étudiants comme de sombres imbéciles. Doriot rend responsable le mouvement des *Camelots du Roy* en ajoutant parmi les responsables : « Les jeunes juifs, les jeunes socialo-communistes, les jeunes pourris maçonniques. » Quant au journal *Le Pilori,* dans son édition du 15 novembre, il accuse les professeurs juifs et les lycéens des deux sexes d'origine juive d'avoir provoqué les événements du Quartier latin et des Champs-Élysées.

Voici la reproduction de l'article du journal *La France au Travail,* intitulé : « Les pourris ont gagné », qui évoque pour l'essentiel la fermeture des facultés en guise de représailles à la manifestation.

« Seule dans la presse parisienne, le 9 novembre, "La France au Travail" lançait un avertissement à la jeunesse estudiantine, jouet dans les médias de la judéo-maçonnerie. Cet appel n'a pas – hélas – été écouté.

Depuis quelques semaines, des symptômes très nets d'une attitude gaulliste de la part d'une poignée de trublions agissants se manifestaient.

Cela s'est borné tout d'abord à quelques chahuts pendant les cours donnés par des professeurs dont les leçons, empreintes d'un esprit de collaboration européenne, ne plaisaient pas à quelques bandes de provocateurs.

Pour en terminer, quelques jeunes étudiants ont cru très malin d'organiser des manifestations bruyantes dans les rues, malgré l'interdiction formelle de toute démonstration, à l'occasion du 11 novembre.

Les agents de la judéo-maçonnerie peuvent se réjouir, car ces manifestations ont rendu nécessaire l'intervention des services d'ordre des autorités d'Occupation.

La jeunesse s'est laissé prendre au piège. Le traquenard a réussi : la fermeture de toutes les institutions universitaires de Paris est ordonnée.

Le jeu est net. C'est au moment où l'œuvre entreprise par le maréchal Pétain entre dans une phase de réalisation que les agents de la décomposition sociale à la solde de l'Angleterre poussent les éléments provocateurs parmi les jeunes de nos facultés.

Mais nous espérons bien que l'immense majorité de nos étudiants, qui ont compris que l'heure était à l'étude, au travail, pour reconstruire tout ce qui a été détruit par l'action malfaisante des forces destructives sauront se séparer des quelques dangereux gamins, exaltés et inconscients, qui ont provoqué de si pénibles sanctions. »

De jour en jour, la presse devient plus violente envers les manifestants du 11 novembre, preuve que le pouvoir collaborateur et l'occupant ont eu très peur. À titre d'exemple, le journal *L'œuvre* ne propose pas moins que de remplacer les prisonniers en Allemagne par des contingents d'étudiants. Pour accentuer encore le fossé que l'on souhaite voir s'agrandir entre les bons élèves et les trublions, *Le Cri du Peuple*, le 21 novembre, déclare à son tour : « Nous recevons de nombreuses lettres d'étudiants qui nous demandent de ne pas confondre un certain nombre de chahuteurs sans cervelle ou de métèques avec l'immense majorité de la jeunesse parisienne. Si l'ensemble de la jeunesse se mettait à élire comme héros un mercenaire tel que de Gaulle et à militer pour la libération d'une sinistre ganache marxiste comme Paul Langevin, ce serait bien à désespérer de tout, et d'abord du salut de notre pays. »

Puis, progressivement, on passe à un autre registre, celui du bilan de la manifestation. Combien y a-t-il de blessés et de morts ? Une autre comptabilité est également avancée, faisant le compte des arrestations. À chaque fois règne l'imprécision.

Les premières analyses laissent apparaître qu'il y a eu des morts à la suite des fusillades ; cependant, les chiffres qui sont proposés se contredisent d'un journal à l'autre. On parle de six ou sept morts, puis de onze, puis de beaucoup plus, sans pourtant préciser le nombre. L'Association des étudiants et lycéens communistes se mêle à la bataille des chiffres, accusant par un tract les Allemands d'avoir assassiné cinq étudiants communistes. Radio-Londres, retenant le chiffre de onze, accentue encore le flou en déclarant, à l'occasion de différentes émissions, que des jeunes gens ont été arrêtés et fusillés. Un démenti allemand, paru dans l'édition du 1er décembre 1940 de *Paris-Soir*, ne se fait pas attendre. Celui-ci précise : « De source officielle allemande, on inflige un démenti catégorique aux rumeurs diffusées par certains journaux étrangers et d'après lesquelles l'arrestation d'un certain nombre d'étudiants français, pour scandale sur la voie publique, aurait été suivie de condamnation, voire de la peine capitale. »

Devant l'avalanche d'informations contradictoires, la vice-présidence de Vichy s'y met à son tour et fait paraître dans la presse collaborationniste un communiqué officiel intitulé : « La vérité sur les incidents du 11 novembre ». Il s'agit de mettre un frein à toutes les spéculations jugées fantaisistes par le pouvoir en donnant un bilan officiel :

« Lors des incidents du 11 novembre, il a été procédé à l'arrestation de 123 personnes, parmi lesquelles 90 lycéens et 14 étudiants ; 4 personnes ont été légèrement blessées, aucune n'a été tuée.

Les autorités allemandes n'ont envoyé devant les tribunaux militaires ni un étudiant, ni un lycéen ; à plus forte raison n'a-t-on procédé à aucune exécution capitale. »

Les chiffres émis par Vichy se rapprochent certes de la réalité, mais ne constituent pas le bilan officiel, et cela pour la bonne raison que celui-ci ne sera jamais connu : les archives relatives à la journée du 11 novembre déposées au ministère de l'Intérieur ont disparu. Raymond Josse, chargé de recherche à la Commission d'histoire de la Résistance, dans l'excellent ouvrage qu'il composa, intitulé *Histoire de la Deuxième Guerre mondiale*, indique dans une note en bas de page : « La biographie du sujet est aussi très réduite. Aucune étude ne lui a été spécialement consacrée. » Puis l'historien dresse une longue liste d'ouvrages parmi les plus variés, où l'on trouve un paragraphe sur le 11 novembre 1940, « généralement très court, parfois quelques lignes seulement ».

Au risque de nous répéter, nous sommes en droit de nous interroger sur l'absence de documents conservés à la préfecture de police ainsi que sur la disparition des mains courantes des hôpitaux parisiens pour la journée du 11 novembre, à l'exemple de celui de Marmottan où pourtant des manifestants sérieusement blessés ont été conduits.

Les semaines qui suivent, le Quartier latin n'a plus le même visage ; la fermeture des facultés décrétée par le préfet de police en accord avec les autorités d'Occupation a vidé les rues de ses étudiants. Signalons à ce propos l'attitude de Vichy qui profite de la situation pour fermer les écoles normales sur l'ensemble du territoire au profit des écoles libres avec l'objectif de leur accorder de substantiels avantages financiers.

Les étudiants ne peuvent se déplacer dans l'enceinte du Quartier latin sans une autorisation. Obligation leur est faite de se rendre chaque jour au commissariat de leur quartier et de signer une feuille de présence.

André Pertuzio et Jean Ebstein-Langevin, respectivement président et vice-président de la corpo de Droit, ont trouvé le moyen de se déplacer librement. « Jean Ebstein-Langevin connaissait un industriel qui faisait du succédané de café, se souvient André Pertuzio, qui nous a engagés en qualité de coursiers. Ce qui fait que nous pouvions nous déplacer au Quartier latin sans difficulté. Cela me permettait de rendre visite au doyen de la faculté de droit pour qu'il fasse libérer les camarades toujours emprisonnés. »

*

Les étudiants et les lycéens ont changé. Ils comprennent que les monômes ne sont plus d'actualité ; ils arborent un visage grave, car la manifestation du 11 novembre leur a ouvert la porte de la Résistance. Les plus tièdes sont aussi dans cet état d'esprit. Il ne s'agit plus de faire rire sur le boulevard Saint-Michel en se livrant à des pitreries, certes sympathiques, mais devenues inutiles. Il faut désormais engager la lutte contre la bête immonde, montrer aux défaitistes que le pays n'est pas mort, qu'il possède en lui des ressources immenses, et la jeunesse est la plus importante d'entre elles, parce que riche d'espoirs. Les jeunes Français savent, après ce qu'ils ont accompli le 11 novembre, qu'ils ne peuvent se dérober à la responsabilité qu'ils ont désormais envers la Nation et qui chaque jour apparaît comme une inéluctable évidence.

L'historien Raymond Josse ne dit pas autre chose : « La Résistance étudiante et universitaire était née spontanément dès les premières semaines de l'Occupation ; elle s'était montrée en plein Paris, avec éclat, les 8 et 11 novembre 1940 ; malgré les pertes subies et les sacrifices que l'ennemi imposait à tous les étudiants parisiens, elle sortait renforcée, transformée, exaltée de ces brèves mais ardentes manifestations. »

Il n'est donc pas étonnant de retrouver, parmi les premiers résistants et les créateurs de réseaux, un contingent non négligeable de manifestants du 11 novembre.

XII

L'ENGAGEMENT

C'est bien dans la dynamique de la manifestation du 11 novembre, et de la prise de conscience qui s'ensuivit, que se forma l'engagement pour effacer la blessure faite à la France. Si tous ceux qui se trouvaient sur les Champs-Élysées ne s'engagèrent pas dans l'action résistante, le nombre qui le fit reste malgré tout impressionnant.

Ce qu'il faut prendre en compte est l'extraordinaire jeunesse de ces résistants – la majorité d'entre eux n'a pas vingt ans – et leur étonnante maturité est à souligner. Les protagonistes dont les parcours sont racontés ici sont âgés de dix-huit ans au moment des faits.

*

Alain Griotteray est né à Paris, le 15 octobre 1922. Il est le fils d'un architecte et le demi-frère de Renée Passeur qui fut l'épouse de Steve Passeur, auteur de théâtre et journaliste. Inscrit à la faculté de droit, le jeune Griotteray est en

1940, avec André Pertuzio et Jean Ebstein-Langevin, l'un des instigateurs de la manifestation du 11 novembre.

Le jeune homme impressionne par sa culture, ses allures de bourgeois, sa maturité et un grand pouvoir de séduction dont il usera en toutes circonstances.

Le 11 novembre a imprimé chez lui la nécessité du combat. Rester à l'arrière et subir les événements est une situation qui lui est insupportable. Il cherche donc à s'embarquer à destination de l'Angleterre pour rejoindre de Gaulle et se fondre parmi ceux qui, à ses côtés, veulent libérer le pays. Le rejet des Britanniques provoque en lui une rage froide qui n'éteindra pas sa détermination, mais fortifiera au contraire une vigueur supplémentaire.

De retour à Paris, il fonde un brûlot patriotique, nommé tout simplement *La France* et destiné aux étudiants. « Leurs articles, écrit Alain Gandy, le biographe d'Alain Griotteray, ne font pas mystère de leur refus de la résignation générale. » Andrée Griotteray, sa sœur de trois ans son aînée, travaille en qualité de rédactrice à la préfecture de police, ce qui lui permet de dactylographier les articles du jeune frère et d'utiliser la ronéo pour polycopier les exemplaires du journal. Pour l'instant, tout ceci est sympathique et quelque peu puéril.

La porte d'entrée de la Résistance à laquelle frappe le jeune Griotteray se présente en la personne d'Henri d'Astier de la Vigerie. Voici de quelle manière l'historien Alain Gandy trace le portrait de cet homme hors du commun :

« Henri d'Astier de la Vigerie, monarchiste d'éducation et de cœur, a trouvé entre les deux guerres un exutoire à son lyrisme et à son sens aigu de la communication dans le métier de journaliste. Lieutenant de réserve, chevalier de la Légion d'honneur et quatre fois cité de 1916 à 1918, il vient de faire avec rage l'expérience d'une dramatique campagne. La retraite l'a mené jusqu'à Pamiers, au parc de récupération des matériels militaires. Son physique de quadragénaire élégant et racé, le magnétisme de son regard, la chaleur qu'il apporte aux relations humaines en ont vite fait le centre d'intérêt des jeunes gens, étourdis par leur aventure mais non résignés, qui cherchent comment continuer à servir.[1] »

L'ancien combattant de la Grande Guerre assiste à la manifestation du 11 novembre. Il repère Alain Griotteray dans la masse des étudiants ; sa fougue et sa manière courageuse d'affronter les assauts des policiers l'interpellent. Lors de la rencontre avec le jeune homme, il lui tient le discours suivant :

« Votre démonstration aux Champs-Élysées était parfaite... d'un point de vue moral... excellente aussi pour la propagande. Mais vous ne referez plus un coup pareil sans réactions violentes. Les facultés sont bouclées... On contrôle l'identité des jeunes dans les rues. Quand viendra le temps des arrestations, quelle sera votre utilité au fond d'une prison ou d'un camp ? »

D'Astier de la Vigerie a deux objectifs, au demeurant simples, qu'il expose au jeune Griotteray. En premier lieu, vouloir se venger des Allemands est une perte de temps ; il faut concentrer les forces vives pour engager la lutte et le seul terrain qui lui semble adapté pour y parvenir est l'Afrique du Nord.

« C'est de là-bas que nous pourrons lancer une grande action militaire avec le soutien de l'Angleterre », précise-t-il à son jeune interlocuteur.

D'Astier part en Algérie et confie à Griotteray trois missions : obtenir le maximum de renseignements politiques et économiques sur les personnels gouvernementaux et les administrations de Vichy et de Paris ; organiser un passage sûr de la ligne de démarcation ; trouver un système

1. Alain Gandy, *La Jeunesse et la Résistance, Réseau Orion, 1940-1944*, Éditions Presses de la Cité, 1992.

simple de transmission des renseignements collectés entre Marseille et Alger. Il s'agit pour d'Astier de faire entrer l'Afrique française dans la guerre.

« La certitude de la victoire qui anime d'Astier, écrit Alain Gandy, est si évidente que Griotteray n'envisage même pas une autre voie. Finis les enfantillages et la révolte larvée. Désormais, il va faire un travail d'homme, et puisque son aîné, auréolé de son passé de combattant, l'a jugé capable de commander, il va se montrer un chef. »

Alain Griotteray quitte Paris pour Marseille. Dans sa poche, il y a juste quelques noms, et surtout la fougue de ses dix-huit ans. La mission qu'Henri d'Astier de la Vigerie lui a confiée est exaltante et terrifiante tout à la fois : construire un réseau ! Ça ne s'improvise pas ; la moindre erreur peut être fatale et risque d'envoyer des amis et des collaborateurs dans les geôles de l'ennemi.

Griotteray ne choisit pas la facilité pour passer la ligne de démarcation : c'est par la Bigorre qu'il le fait. Tout le long de la frontière intérieure fourmillent de nombreux postes de police allemande. La vérification d'identité vous tombe dessus au croisement d'un chemin, à l'endroit où évidemment on ne s'y attend pas. Par bonheur pour le futur chef du réseau *Orion*, les gendarmes, en ce mois de janvier 1941, ne sont pas trop regardants, et l'on peut dire qu'ils regardent souvent ailleurs. Ce qui fait l'affaire du clandestin venu de Paris.

Arrivé à Marseille, Alain Griotteray se croit dans un pays libre. Les cafés regorgent d'une clientèle pour laquelle la guerre semble se dérouler ailleurs. Dans les arrière-salles, on peut donc sans grand risque jouer à la Résistance, parler librement, échafauder des projets parmi les plus farfelus. La police, en dehors de la surveillance du port, ne semble pas se préoccuper d'autre chose.

Le jeune Parisien fréquente *Le Cintra* [située sur le port, cette brasserie est devenue un lieu de restauration rapide] où des illuminés se réunissent dont les projets meurent aussi vite qu'ils sont apparus. Mais c'est dans cette brasserie qu'il fait la rencontre la plus importante qui soit, celle dont il a besoin pour mettre en place le réseau.

Jean-Baptiste Biaggi est né en 1918 en Corse. Ce personnage est exceptionnel par l'étendue de sa culture, sa personnalité déjà affirmée, son calme et la fermeté de son caractère. Lorsqu'il entre au *Cintra*, il fait sur le jeune Parisien une immense impression, renforcée par ses cannes anglaises – conséquence d'une blessure qu'il a reçue lors des combats de 1939 – qui lui confèrent un statut de grand combattant.

Le courant passe immédiatement entre les deux hommes. La différence d'âge, quatre ans, ne joue pas, et ne jouera jamais. L'un et l'autre se vouent une admiration réciproque.

Grâce à l'obligeance de Maître Georges Benelli, j'ai pu rencontrer au mois d'avril 2009 Jean-Baptiste Biaggi à l'hôpital parisien où il vit désormais. Comment avait-il perçu à l'époque ce jeune homme débarqué de Paris ? Qu'est-ce qui avait déclenché en lui l'envie de lui venir en aide ? Voici ce que Jean-Baptiste Biaggi m'a répondu :

« Bien qu'ignorant tout, il avait néanmoins compris ce que représentait la récolte des informations : indispensable pour accentuer la lutte contre l'ennemi. On sentait chez ce jeune homme une volonté que rien semblait-il ne pouvait amoindrir et encore moins détruire. Par ailleurs, nous partagions les mêmes points de vue sur les sujets les plus variés, ce qui nous liait encore davantage. Je conserve de cette période et de notre collaboration un ensemble de moments passionnants.

— Lui arrivait-il de vous demander conseil ?

— Je ne garde aucun souvenir de cela, la préséance était exclue de notre relation. Ce que nous décidions, nous le faisions ensemble, sans jamais savoir lequel de nous deux avait eu l'initiative de l'action engagée. »

Biaggi a devancé Griotteray. Il a déjà mis en place un réseau dont il fera profiter son nouvel ami. Biaggi lui présente Toussaint Guidicelli qui dirige le puissant dépôt de vivres de la société hôtelière et de ravitaillement maritime. Guidicelli accepte de venir en aide à Griotteray.

Quelques réunions suffisent pour mettre au point les bases de fonctionnement pour répondre ainsi à la demande formulée par Henri d'Astier de la Vigerie qui se trouve à Alger, de lui faire parvenir courriers et documents, qui seront acheminés en Algérie par l'intermédiaire du personnel de la société hôtelière dirigée par Guidicelli. L'importance du personnel permet l'écoulement des informations sans attirer l'attention de celui-ci.

Pour que le futur chef du réseau puisse circuler sans entraves, Guidicelli et Biaggi lui obtiennent une carte de presse en qualité de pigiste dans un journal local, *Le Phare*, et un poste officiel à la Commission de la viande du Sud-Est, assorti d'un permis de circuler. « Quand un contrôle de police s'exerce à cette époque sur un jeune homme, précise Alain Gandy, l'appartenance à un service gouvernemental suffit encore à déclencher la bienveillance volontairement aveugle des policiers. »

L'affaire se présente du mieux possible. Mais Griotteray, après un court laps de temps euphorique motivé par son premier succès, retombe rapidement sur ses pieds et se trouve confronté à la réalité. Et la réalité, ce sont les informations qu'il doit trouver pour les envoyer ensuite à Alger. Biaggi, une nouvelle fois, lui apporte son concours et lui ouvre les portes des ministères à Vichy. En effet, le jeune combattant avait noué dans la ville thermale, devenue la capitale du gouvernement français, de solides relations au mois de décembre 1940. Faisons appel encore une fois à l'historien Alain Gandy pour nous éclairer sur cette surprenante situation :

« À Vichy, Biaggi est très courtisé, d'autant qu'à son auréole de guerrier il joint l'agrément d'une intelligence pétillante et d'une culture encyclopédique. À son engagement dans l'armée, il était en deuxième année de doctorat en Droit, premier prix de Droit civil, lauréat du Concours général, noté au pinacle par les caciques. Les conversations sont toujours enrichissantes. Il parle latin et grec. Il a été un farouche maurassien, doublé d'un spécialiste de l'Histoire de Corse et bonapartiste. À Vichy, un tel homme est vite sollicité par des gens en place, qui ne sont pas soupçonnables de germanophilie : le capitaine Dumez, Raymond Brassi, François Valentin, Jacques Péricard, Joseph Barthélemy, La Barthète, Olivier Martin. »

Les informations recueillies donnent pleinement satisfaction à Henri d'Astier de la Vigerie ; il le fait savoir à Griotteray en lui envoyant à Marseille deux émissaires. Ils sont porteurs des compliments et d'une demande : donner un nom au réseau qu'il est en train de mettre sur pied avec succès. Jusqu'à présent l'organisation était informelle mais, au fil des mois, la petite armée de l'ombre a grossi ; des collaborateurs et des sympathisants sont venus s'agréger au mouvement.

Un nom de réseau, est-ce important ? pense le jeune chef. Il pose la question à son ami Biaggi qui approuve la demande faite par Alger. C'est le hasard une fois de plus qui vient en aide à Alain Griotteray. Il rencontre Paul Labbé qui possède dans le Béarn une propriété baptisée *Orion*.

La demeure de Labbé devient un havre de paix pour Griotteray ; il ne manque jamais au cours de ses nombreux voyages – le passage de la ligne de démarcation est devenu une simple formalité – de faire une halte dans ce lieu huguenot entouré d'un fond de campagne vieux de plusieurs siècles. Il y amène un peu de fantaisie, raconte Alain Gandy, endossant la robe de chambre damassée du duc de Richelieu.

L'amitié entre Paul et le jeune chef se développe dans une ambiance de fous rires permanents et d'admiration mutuelle. Alain fascine par son goût de la fantaisie qu'il pratique presque en permanence, Paul étonne par le sérieux qu'il met à ses études, son monarchisme raisonné, selon l'expression employée par Gandy, et son penchant presque obsessionnel pour la philosophie.

Vers la fin de l'été 1941, Alain fait part à son ami de la demande formulée par Alger de trouver un nom de code au réseau. Voici l'essentiel de la conversation entre les deux jeunes hommes, rapportée par Alain Gandy :

« Alger me demande de lui trouver un nom de code. Que choisir ?

— Pourquoi ne pas l'appeler Orion ? propose Paul. Tout le monde pensera à la constellation, personne au château. Réseau Orion, c'est net et hermétique. »

Le réseau créé de toutes pièces par un adolescent de dix-huit ans fonctionne jusqu'à la libération du territoire à laquelle certains de ses membres, dont le chef lui-même, prendront une part active.

Certes, tout ne fut pas simple : il y eut des moments où le doute tempéra l'enthousiasme parfois excessif ; comment ne pas l'être à vingt ans ? Il y eut aussi des problèmes d'argent. Les viatiques accordés par Alger devenaient insuffisants au fur et à mesure que progressait l'organisation. Une fois de plus, la chance fut au rendez-vous, et Alain Griotteray sut la saisir au vol ; sa séduction naturelle fit le reste.

Ce qu'il faut regarder de près est l'extraordinaire maturité qui règne chez les jeunes gens de cette génération. Ceux qui se sont engagés dans la lutte pouvaient se montrer des exécutants parfaits ; or, le dépouillement des archives nous indique qu'ils furent plus que cela. Ils se révélèrent des chefs, sérieux, imaginatifs et prudents à la fois. Comme l'écrit l'historien Alain Gandy – je me suis beaucoup appuyé sur ses travaux, parce qu'ils sont admirables d'humanité et de vérité historiques –, « il est remarquable que des adolescents de dix-sept ans, à peine physiquement mûrs, aient pu traiter avec des gens investis de fonctions officielles dans les ministères ou les administrations ».

Il faut savoir que les membres du réseau *Orion* ne se retrouvèrent officiellement qu'en 1985. Ils avaient accompli leur devoir et jugeaient que leur participation à la lutte contre l'occupant nazi appartenait désormais à l'histoire de la Seconde Guerre mondiale et, dans une part plus intime, à chacun de ceux qui y avaient participé.

Une stèle fut donc érigée au carrefour de deux chemins conduisant au château dans le Béarn, qui avait donné son nom à l'organisation résistante ; un texte simple y figure : « De 1940 jusqu'à 1944, répondant à l'appel du général de Gaulle, Orion, réseau de la France combattante, a lutté dans la Résistance, pour l'honneur et la liberté de la Patrie. »

*

Pierre-André Dufetel est né le 11 novembre 1922 à Boulogne-sur-Mer. Son père est architecte et grand blessé de la guerre de 1914 où il perdit un bras.

Après la manifestation du 11 novembre à laquelle, alors âgé de dix-huit ans, il prit une part importante, il comprend après le coup d'éclat des Champs-Élysées que le combat contre l'occupant doit prendre une autre dimension. Voulant mettre sa réflexion en conformité avec ses actes, avec l'objectif de se rendre utile, il rejoint sa famille à plusieurs reprises à Boulogne-sur-Mer, ville pourtant classée zone rouge et subissant d'incessants bombardements.

La zone littorale face à l'Angleterre est interdite d'accès. Les maisons ont été évacuées sur ordre des nazis. Le père de Pierre-André Dufetel, qui est architecte rappelons-le, a été autorisé à rester sur place en qualité d'expert afin de donner son avis sur les immeubles touchés lors des bombardements. La position qu'il occupe lui permet de fournir des informations sur les mouvements des navires de guerre et de troupes, au réseau *Kléber*, au sein duquel il milite ; il est classé agent P 2. Les informations sont transmises à Londres par des contacts avec le Libénord, soit directement au chef du réseau Monsieur Cremer, ou à l'occasion de voyages clandestins de son fils à Paris.

Pierre-André choisit de faire des relevés le long de la côte allant de Boulogne jusqu'à Wimereux par mer basse, quelle que soit la météorologie, traversant les ruisseaux glaiseux, les rochers glissants, sur une distance de quatorze kilomètres aller et retour.

« J'avais repéré un point faible dans la barrière de barbelés qui interdisait l'accès à la plage. Avec un camarade ou deux que j'emmenais avec moi, nous passions par cette ouverture en dévalant la falaise. Si nous avions été pris, nous aurions prétexté que nous avions envie de marcher sur la plage.

— En quoi consistait votre travail ?

— À repérer les endroits où un adulte pouvait accéder à la plage sans se faire voir. Je devais noter les installations des Allemands, les nouveaux fortins et le nombre de canons qui étaient pointés dans la direction de l'Angleterre, les champs de mines au pied de la falaise faisaient aussi partie de mon travail. Sans vouloir me vanter, je pense être sans aucun doute le seul Français qui a accompli ce type d'observation, pendant la durée de la guerre. »

Pierre-André Dufetel partage son emploi du temps entre ses études à Paris et des actions auxquelles il participe sous les ordres de son père dès qu'il en a l'occasion avec ou sans laissez-passer.

Il doit à un paquet de tabac d'avoir eu la vie sauve :

« J'étais en route avec un ami pour faire nos repérages, lorsque soudain je m'aperçois que, allant rentrer certainement tard, je ne pourrais pas toucher ma ration de tabac. Et je tiens à préciser qu'une ration de tabac pouvait servir de monnaie d'échange pour acquérir autre chose. Je fais demi-tour et cavale jusqu'au débitant, mon camarade me suit. Au moment de franchir la porte, survient un raid anglais qui n'a pas été annoncé et qui bombarde la rue. Tous les passants qui n'avaient pas eu le temps d'entrer dans un abri sont tués. »

L'ambiance de la guerre se durcit. Pierre-André ne peut plus faire les relevés comme il en avait pris l'habitude. Avant d'engager une nouvelle année universitaire, il retourne dans sa famille au mois de septembre. Une nuit, on tambourine à la porte.

« Mon père se trouvait à ce moment-là à Lille. Officiellement pour le compte de l'ordre des architectes et surtout pour fournir des informations à des membres importants du réseau Kléber. Je me dis que si on vient frapper à notre porte au milieu de la nuit, ce n'est pas bon signe. »

Il s'habille en toute hâte, file par l'arrière de la maison – une issue était prête en cas de besoin –, traverse la ville obscure, au risque de tomber sur une patrouille qui avait la réputation de tirer sans sommation, et rejoint la maison d'un oncle chez lequel il passe le reste de la nuit.

« Ma mère ouvrit aux agents de la Gestapo. Ils fouillèrent la maison de fond en comble et repartirent, n'ayant pas trouvé ce qu'ils cherchaient. »

Le lendemain matin, Pierre-André prend le premier train pour Lille où il retrouve son père, afin de l'avertir du danger. Devant les explications de ce dernier, le père garde tout son calme et répond : « Qu'il a pris toutes les précautions nécessaires. Je lui réponds qu'il doit disparaître. »

Ce dernier refuse et avance l'explication suivante : « Si je pars, ce sera comme une forme d'aveu. Ils exerceront des représailles sur ta mère, sur ton frère ou sur toi. Je rentre à Boulogne, je suis capable de me défendre. Ils ne peuvent rien prouver contre moi. »

La Gestapo entend poursuivre son investigation et le simple souffle d'une rumeur lui suffit pour le faire. Rappelons que le père de Pierre-André Dufetel est un grand blessé de la Première Guerre mondiale où il perdit un bras. Cela ne freine en rien la détermination des gestapistes qui l'arrêtent et le conduisent à la prison de Loos-lès-Lille.

« Nous n'avons jamais pu entrer en contact avec mon père. Il est mort en déportation, vraisemblablement a-t-il fait partie du convoi de Loos. J'ai su qu'il était classé *Nuit et brouillard.* »

Pour le jeune homme, la vie a basculé. Poursuivre tranquillement des études tandis que le pays est labouré par le malheur est un sentiment qui lui est insupportable.

« Je me suis senti menacé. Un jour où l'autre je serai arrêté à mon tour. J'ai donc pris la décision de rejoindre de Gaulle à Londres, mission presque impossible. »

Même si l'on habite à trente kilomètres à vol d'oiseau des côtes anglaises, comment s'y prendre pour se rendre en Angleterre ? L'absence du père se fait encore plus cruellement sentir à l'instant du choix.

« Il fallait se montrer vigilant, ne pas en parler à n'importe qui, éviter de tomber sur un réseau qui était dirigé en sous-main par les Allemands et ils étaient nombreux ! »

La solution pour rejoindre Londres, Christian Deschar, le fils du président de Air Liquide, le lui apporte. Le jeune homme, depuis Paris, sert d'agent recruteur pour les étudiants désireux de traverser l'Espagne – passage obligé pour se retrouver en Angleterre. En effet, Deschar est en relation avec Gérard de Clarins qui, installé dans les Hautes-Pyrénées, a créé un réseau de passages avec les frères Lhose, auxquels des bergers locaux apportent leur connaissance du terrain. C'est au terme d'un voyage de cinq jours, sans boire ni manger, avec des gendarmes à ses trousses, que Pierre-André Dufetel atteint, fourbu, mais content, la propriété de Gérard de Clarens.

« J'en conserve une image très forte. C'était la veille du départ pour l'Espagne, je me trouvais sur la terrasse ; d'un côté c'était la France où la nuit obscurcissait le ciel et de l'autre l'Espagne, où il faisait encore un grand soleil. J'y ai vu un symbole fort : je quitterai la nuit qui tombait sur la France pour aller vers la lumière. »

Pierre-André s'aperçoit le lendemain qu'il n'est pas seul à passer la frontière ; des clandestins de son âge et d'autres plus âgés font partie du voyage.

Un premier guide conduit le groupe jusqu'à un endroit dans la montagne en lui recommandant d'attendre l'arrivée d'un berger qui doit le prendre en charge.

Les clandestins sont en proie à l'incertitude : le berger viendra-t-il ? Il faudrait écrire un livre sur les passages d'une zone à l'autre, de la France vers l'Espagne, pour donner un aperçu de ce que pouvait représenter l'angoisse vécue par les candidats au voyage. Concernant le franchissement des Pyrénées, l'historienne Anny Latour écrit :

« La chaîne des Pyrénées, montagnes escarpées, abruptes, aux sommets couverts de neige… les Allemands y ont établi une zone interdite, où les policiers font des rondes avec des chiens. Y pénétrer est aussi dangereux que de franchir la montagne. Les groupes sont guidés par des passeurs. Ce sont parfois des républicains espagnols prêtant main-forte aux évasions. Parfois aussi ce sont des hommes avides de gain et qui, une fois l'argent en poche, abandonnent leur groupe avant d'avoir atteint la frontière.[1] »

Dans le cas de Pierre-André, le berger arrive et emmène le groupe. À cause de la pluie qui tombe sans discontinuer, le sol est devenu un tapis de boue.

1. Anny Latour, *Résistance juive en France*, Éditions Stock, 1970.

« Nous trouvons une grange dans laquelle nous passons la nuit. Ai-je besoin de vous dire que nous étions trempés de pluie et épuisés de fatigue. À minuit, nous partons en direction des sommets. Nous devons traverser les névés, qui sont une accumulation de neige, qui perdurent y compris pendant l'été. Le sol est rendu dangereux par l'assemblage de plaques de glace ; le moindre faux pas, et vous voilà projeté quelque cent mètres plus bas. »

« Aviez-vous peur ?

— Oui et non. Je crois que chaque participant savait qu'il risquait sa peau. »

Au sommet, Pierre-André revit pour la seconde fois l'image symbolique de la nuit sur la France et de la lumière vers l'Espagne.

« Je conserve une image éblouissante de cet instant où, après une épuisante nuit de marche – l'air se fait plus rare et donne des vertiges –, est apparu le soleil éclatant sur la crête du col, illuminant le versant de l'Espagne, et de l'autre côté, la France, plongée dans l'obscurité, occupée et asservie par la terreur nazie. Le guide et mon ami Gérard de Clarince nous ont laissés – ils ne pouvaient aller plus loin – en disant : "C'est tout droit devant vous." Nous étions en plein désarroi après leur départ. Personne dans le groupe ne parlait l'espagnol. Beaucoup étaient fourbus de fatigue et voulurent dormir sur place. Je leur expliquai que notre position au sommet d'une crête faisait de nous des cibles privilégiées pour les gardes frontières en maraude. J'ai discuté durant de longues minutes et j'ai fini par les convaincre de reprendre la route. »

Après des heures de marche, apparaît un type qui a l'apparence d'un berger.

« Nous essayons de lui expliquer que nous cherchons l'ambassade britannique. Nous comprend-il ? Toujours est-il qu'il nous persuade de nous reposer dans une grange vers laquelle il nous emmène. Le lendemain matin, nous avons la désagréable surprise de nous apercevoir que nous sommes cernés par des carabiniers. »

Les carabiniers conduisent les clandestins à la gendarmerie de Bielsa.

« C'était un lieu plein de poux. Nous sommes restés des heures dans cette gendarmerie. Il ne nous a été proposé ni un verre d'eau ni un morceau de pain. Ensuite, on nous a fait sortir, et nous avons marché pendant des heures. Les policiers font descendre les passagers d'un autobus dans lequel nous prenons place. Nous faisons des kilomètres, et nous entrons dans une grande bâtisse, qui se révèle être une prison. La cellule dans laquelle on me fait entrer compte déjà plus d'une centaine de détenus, uniquement des droits communs qui sont là depuis une année. »

Les détenus sont contraints de dormir à même le sol sur le côté par trois dans la longueur de la pièce, la tête reposant sur les pieds des voisins du dessus.

« Si un type est atteint de dysenterie, ce qui était fréquent, il devait marcher sur les autres pour se rendre aux toilettes. J'ai perdu vingt kilos. La nuit, dès que les sentinelles voyaient passer un prisonnier devant une fenêtre, elles tiraient dans sa direction. Les murs de la cellule étaient criblés d'impacts de balles. »

Après des mois de ce régime inhumain, le jeune Français n'est pas au bout de son cauchemar ; il est transféré dans une autre prison, et ensuite au camp d'internement de Miranda. C'est en 1937 que le camp a été ouvert par le gouvernement du général Franco. On y internait les républicains espagnols et les membres des Brigades internationales. Il fonctionnera jusqu'en 1947. On peut dire que les Français qui franchissaient les Pyrénées et qui avaient la malchance d'être arrêtés par les carabiniers y étaient généralement conduits.

« Ce n'était pas un camp d'extermination, mais on y mourait de malnutrition, de dysenterie et de maladies de toutes sortes. Pour ma part, j'étais quasiment mourant, précise Pierre-André Dufetel. Les délégués de la Croix-Rouge, avertis de mon état, réussirent à me faire sortir et me placèrent en résidence surveillée. La seule contrainte consistait chaque jour à me rendre au poste de police pour y signer un acte de présence. »

Le général Franco s'aperçoit que les geôles de son pays regorgent de prisonniers étrangers. Il les échange avec les différents consulats contre des sacs de blé dont il a le plus grand besoin.

« C'est grâce à ce troc que mon nom a fini par apparaître sur la liste des libérables. Je me suis reposé quelques semaines et j'ai rejoint Malaga par Gibraltar, puis Casablanca et enfin l'Angleterre, qui était l'objectif de mon périple. »

Engagé comme combattant volontaire dans l'Armée de l'Air, Pierre-André Dufetel est admis au titre comme élève aspirant de Réserve et envoyé dans les Académies militaires de l'US Air Force d'où il sortira, après des mois de sélection sévère, comme pilote de chasse apte à toutes les missions opérationnelles de jour comme de nuit sur Thunderbolt P47. Il succédera à Saint-Exupéry aux commandes d'un Lightning P38 du Groupe de reconnaissance stratégique 1/33 jusqu'à son retour fin 1946 aux Études supérieures interrompues volontairement pendant trois ans et demi parce qu'au service de la France.

XIII

L'ENGAGEMENT DE LA JEUNESSE CHRÉTIENNE

Si, comme nous avons pu le voir dans le chapitre précédent, une partie de la jeunesse présente sur les Champs-Élysées le 11 novembre prit le chemin de la lutte contre l'occupant, il en est une autre qui se mobilisa avec ferveur dans l'action de sauvetage de la population juive pourchassée par la barbarie nazie.

Deux grandes figurent émergent de ce que les historiens nomment la « Résistance humanitaire » : la protestante Madeleine Barrot et la catholique Germaine Ribière.

Madeleine Barrot est née en 1909 et décède à Paris en 1995. Issue d'un milieu protestant, elle milite entre les deux guerres à la Fédération universelle des étudiants chrétiens. À partir de 1939, elle devient secrétaire générale de la CIMADE (Comité inter-mouvement auprès des évacués), organisme créé au mois de septembre 1939 pour venir en aide aux Alsaciens et Mosellans chassés de leur territoire et réfugiés dans les départements de la Haute-Vienne et de la Dordogne. C'est à ce moment qu'elle donne toute la mesure de ses capacités en organisant des actions humanitaires et médicales à compter du mois d'octobre 1941 dans les camps d'internés situés dans le sud de la France : Rivesaltes, Récédédou, et tout particulièrement Gurs où la population internée atteint en quelques jours plus de six mille cinq cents personnes, juives pour la majorité, hommes, femmes et enfants, expulsées en une nuit des régions allemandes du Palatinat et du pays de Bade.

L'autre grande figure est Germaine Ribière, la catholique. Elle est née à Limoges en Haute-Vienne en 1917 ; elle décède à Paris en 1999. Elle poursuit des études de philosophie à Paris, lorsqu'elle participe à ce qu'elle nomme dans ses mémoires : « La marche de l'étoile », le 11 novembre 1940. Le déclic de son engagement lui vient de l'arrestation de juifs dans le quartier du Marais dont elle est le témoin. La discrimination dont cette population est l'objet à la fois de mouvements français et de l'occupant nazi la choque violemment. Elle s'insurge aussi contre le silence de la hiérarchie catholique devant le drame visible chaque jour dans les rues de la capitale ; elle écrit à ce propos au mois de mai 1941 dans son journal intime : « L'Église, la hiérarchie demeurent silencieuses. Elles laissent la vérité être profanée. »

Même si les jeunes Français qui se dirigent vers l'Espagne avec l'espoir de rejoindre Londres sont nombreux, Germaine Ribière, elle, choisit de quitter Paris et de s'installer à Vichy, parce qu'elle veut se trouver au plus près du dispositif de l'anti-France où, sur place, elle établit ses actions au travers du mouvement *Les Amitiés chrétiennes*, créé par l'abbé Glasberg.

L'abbé Glasberg est né en Ukraine en 1902, dans une famille juive ; il décède à Paris en 1981. Converti à la chrétienté en 1938, dès son ordination il poursuit deux objectifs : sauver les réprouvés et les sans-patrie. Il n'est pas seul à créer le mouvement chrétien auquel adhère la jeune Ribière ; il sera rejoint par un jésuite qui va marquer son époque de sa forte personnalité. Le père Pierre Chaillet est né le 13 mai 1900 à Scey-Maisières dans le département du Doubs. Il meurt le 27 avril 1972 à Lyon.

Glasberg et Chaillet sont les figures uniques de la Résistance spirituelle face à l'occupant nazi, et surtout face à la barbarie exercée contre les juifs et les Tziganes. L'aide qu'ils apporteront à ces communautés en péril est admirable de dévouement et de courage.

Dans la mouvance des Amitiés chrétiennes, Chaillet crée le premier journal de résistance spirituelle : *Les cahiers du Témoignage chrétien*. Le 6 novembre 1941 apparaît le premier numéro dont le titre est *France, prends garde de perdre ton âme* ; il s'agit d'un petit opuscule d'où plus tard s'imposera le nom de *cahier*. Nouvelle transformation, le titre change et devient *Témoignage catholique* mais, voulant réunir dans son action le plus de monde possible dans un esprit œcuménique – catholiques, protestants, juifs, orthodoxes et laïques –, le journal adopte définitivement le titre de *Témoignage chrétien*. Maurice Schumann, qui fut le porte-parole de la France Libre à Londres, adressa une lettre au père Pierre Chaillet en 1944, où il est question des cahiers de *Témoignage chrétien* :

> *« Mon Père,*
> *Vous avez été notre 18 juin spirituel. C'est trop peu dire que nous vous lisions. Tandis que vous portiez Témoignage dans les soutes et les prisons, les pharisiens de Vichy perpétraient le pire mensonge : d'une main, ils relevaient les autels, de l'autre, ils en éteignaient les lumières... Le jour où un missionnaire de la Résistance m'a mis votre Témoignage entre les mains, j'ai ressenti le même choc libérateur que le soir où, sur le chemin d'une retraite qui paraissait*

sans fin, la voix du général de Gaulle était parvenue jusqu'à moi.[1] »

C'est dans le sillage de ces hommes admirables, et au travers des Amitiés chrétiennes, que Germaine Ribière engage son action, résolument tournée vers le sauvetage des juifs ; l'image de leur arrestation dans une rue de la capitale ne l'a pas quittée et restera ancrée dans sa mémoire durant sa vie entière. En 1993, pendant les entretiens qu'elle m'accorda, elle évoquait encore cet instant avec l'identique émotion du premier jour.

Son action la conduit à Limoges, sa ville natale. Elle vient en aide au pasteur Chaudier en trouvant des cachettes dans des familles chrétiennes pour les enfants juifs pourchassés. Elle collabore aussi avec les homes d'enfants de l'OSE (*Organisation de secours aux enfants*), créée en Russie par les juifs avec l'objectif de venir en aide aux plus nécessiteux d'entre eux, et dont Albert Einstein fut un temps le président. Le médecin de l'un de ces centres, le docteur Gaston Lévy, appelle affectueusement la jeune chrétienne : « Notre héroïne des temps de détresse » ; il témoigne aussi du haut degré de dévouement envers son prochain dont Germaine Ribière était capable.

« C'est presque dès notre arrivée à Limoges qu'une aide clairvoyante et efficace m'a été apportée par Mademoiselle Germaine Ribière dans toutes mes activités. Née à Limoges dans une famille catholique profondément religieuse, elle était, au moment où elle vint m'offrir son aide à la pouponnière, responsable des JEC (Jeunesses estudiantines chrétiennes) ; on la voyait imprégnée d'un esprit évangélique, d'un amour désintéressé du prochain. Elle souffrait visiblement de la situation qui nous avait été faite, à nous juifs. Avant de venir me voir à la pouponnière, sa révolte

1. Institut Charles de Gaulle.

contre la persécution hitléro-vichyssoise avait déjà eu une certaine efficacité. Elle avait séjourné un certain moment auprès des internés de l'abominable “Centre d'hébergement” de Récédédou, et était passée par le camp de Gurs. Son rapport sur les circonstances atroces dans lesquelles végétaient les internés était à l'origine de la lettre pastorale du Cardinal Jules Saliège de Toulouse du 23 août 1942, stigmatisant sévèrement les persécutions juives. Germaine Ribière, comme on le verra encore plus loin, a fait énormément dans cette période tragique pour sauver des vies juives. Elle est restée fidèlement à nos côtés dans toutes les actions de sauvetage des enfants en danger, comme elle est restée jusqu'à ce jour une fidèle amie d'Israël. »

Le 26 août 1942, Germaine Ribière participe à une action de sauvetage qui compte parmi les plus étonnantes ayant eu lieu durant la Seconde Guerre mondiale et qui reste un exemple unique d'esprit œcuménique puisqu'elle réunit pour la circonstance catholiques, protestants, juifs, communistes, quakers et laïques.

Plus de mille juifs étrangers ont été arrêtés dans la journée du 23 août 1942 dans tout le Sud de la France, en zone libre. Le 26, ils se retrouvent au fort de Vénissieux, transformé en camp ; ils attendent, parqués comme du bétail, la déportation. L'abbé Alexandre Glasberg alerte toutes les organisations, car des enfants de moins de seize ans se trouvent parmi les internés. Apprenant cela, le pasteur Boegner se rend à Vichy pour y rencontrer Laval. Germaine Ribière n'a rien écrit sur le sauvetage de Vénissieux ; il faut se tourner vers Madeleine Barrot pour trouver des informations. Voici comment, en 1991, elle me raconta l'entrevue entre le pasteur et le président du Conseil :

« Le pasteur Boegner fit part de sa surprise à Laval concernant la présence d'enfants de moins de seize ans parmi les internés. Celui-ci répondit qu'il trouvait plus humain de ne pas séparer les enfants de leurs parents. »

Boegner demanda à Laval d'intervenir au plus tôt auprès des préfets. Il répondit : « Monsieur le pasteur, j'enregistre votre demande. Je vais examiner la question et vous donnerai ma réponse dans quarante-huit heures. »

Les quarante-huit heures évoquées par Laval créent un vide juridique. Les enfants ne sont soumis à aucune autorité. Il faut donc les sortir au plus vite. Les organisations de résistance sont d'accord pour agir sans perdre une seule minute. Un autocar est amené aux abords du camp, prêt à les recevoir. La Résistance communiste accepte de saboter l'alimentation électrique, permettant ainsi aux sauveteurs d'opérer pendant que les policiers seraient occupés à réparer la panne.

Dès que la lumière s'éteint, une nuée de jeunes femmes et de jeunes hommes s'introduit dans le camp au pas de charge, se fond dans les allées, allant de baraque en baraque arracher les enfants des bras de leur mère.

Georges Garel, créateur d'un réseau de sauvetage d'enfants qui porte son nom au sein de l'OSE, présent à Vénissieux, déclara lors d'un colloque qui se tint à Paris, à la Sorbonne, en 1978 : « Dans le noir, nous allions de groupe en groupe. Vous pouvez imaginer la scène quand nous nous adressions aux parents en leur disant : "Confiez-nous votre enfant." Les uns comprenaient la situation tout de suite et nous le remettaient.

Comment évoquer ces derniers adieux, ces noms hâtivement inscrits sur les étiquettes à bagages passées ensuite au cou des enfants, les cris des mères refusant de s'en séparer ? Voyant le temps qui passait, nous sommes devenus plus autoritaires, mais cette autorité n'a pas toujours suffi et, sans aller jusqu'à nous battre, il est des cas où il a presque fallu retirer de force les enfants à leurs parents.[1] »

Les jeunes résistants ont de quoi être satisfaits : cent huit

1. Archives de l'OSE.

enfants sont sauvés. Georges Garel raconte ce terrible souvenir : « Par une tragique coïncidence, l'autocar qui emmenait les enfants passa près des véhicules dans lesquels se trouvaient les parents en partance pour la déportation. Beaucoup d'enfants, après cette épouvantable nuit, s'étaient plus ou moins assoupis, et je pense qu'ils n'ont pas vu les voitures de leurs parents. Mais ces derniers, eux, ont bien vu leurs enfants, et c'est encore l'une des visions ineffaçables qui me reste : celle des parents qui s'écrasaient contre la vitre pour tâcher d'apercevoir leur enfant une dernière fois. »

Germaine Ribière en 1993 m'avoua qu'il lui arrivait encore de se réveiller en pleine nuit ; les cris des mères continuaient de hanter son sommeil.

La jeune résistante multiplie les actions en se trouvant sur plusieurs fronts à la fois. Elle vient en aide aux ateliers clandestins qui fabriquent les fausses cartes d'identité, leur déniche le matériel dont les faussaires ont besoin. Elle se déguise en infirmière et, grâce à ce camouflage, elle peut prendre place dans un convoi de déportés raciaux, comme le raconte le docteur Gaston Lévy :

« Elle avait réussi à se faire admettre dans le train de déportés quittant Nexon [camp de triage proche de Limoges] comme infirmière convoyeuse. En accompagnant ces pauvres gens jusqu'à la ligne de démarcation, elle ne se contentait pas d'être pour eux un soutien moral et de prodiguer quelques soins à ceux qui se sentaient mal au milieu de ces convois tragiques, mais elle rapporta de ce voyage de multiples renseignements utiles, indications et adresses que les gens avaient données, relatives à ceux, vieillards, enfants, malades, qu'ils laissaient derrière eux. »

Si elle apprend qu'une rafle se prépare, inlassablement elle ratisse Limoges et prévient la population juive de quitter la ville et d'aller se cacher. Germaine Ribière se trouve brutalement projetée sur le devant de la scène, elle qui a toujours œuvré dans l'ombre pour venir en aide à son prochain, avec l'affaire des enfants Finaly. Il s'agit d'un fait divers qui aurait pu le rester si la presse ne s'en était pas emparée et qui se déroule à la fin de la Seconde Guerre mondiale. Fritz Finaly, médecin juif, et son épouse se réfugient en France, fuyant l'Anschluss. Deux enfants leur naissent : Robert, le 14 avril 1941, et Gérald, le 3 juillet 1942. Le 14 février 1944, les époux sont arrêtés par la Gestapo, déportés à Auschwitz d'où ils ne reviendront pas.

Avant leur arrestation, le couple avait, par précaution, caché ses enfants afin de les soustraire à la déportation[1]. Les deux garçons se retrouvent chez mademoiselle Brun, qui agit en qualité de nourrice ; elle cache six autres enfants. Arrive la fin de la guerre, personne ne vient réclamer les frères Finaly. La nourrice décide de les baptiser, mais voilà que la sœur de Fritz, vivant en Nouvelle-Zélande, fait irruption et réclame ses neveux. Mademoiselle Brun refuse de les rendre sous prétexte qu'ils sont devenus chrétiens.

Il s'agit ici du résumé d'une affaire plus complexe. Des situations comparables à celle-ci, il y en eut des centaines en Europe après la fin du conflit avec l'Allemagne nazie. Si la presse n'en avait pas fait la une de ses éditions, l'affaire Finaly serait restée dans l'anonymat, au même titre que les autres du même genre.

Les enfants Finaly disparaissent. C'est à partir du constat de leur disparition que Germaine Ribière est chargée par le cardinal Pierre Gerlier, primat des Gaules, de retrouver les deux frères. Elle mène une véritable enquête policière et finit par les découvrir dans un monastère au Pays basque où mademoiselle Brun les avait cachés. Suit le procès à rebondissements puisqu'il ira jusqu'en Cassation. Le

1. Raphaël Delpard, *Les enfants cachés*, Éditions Jean-Claude Lattès, 1993.

verdict final indique que les enfants doivent être rendus à leur famille.

Germaine Ribière reçoit une nouvelle mission : ramener les enfants. Elle traverse la France avec une escorte de motards de la gendarmerie jusqu'à la propriété du banquier André Weil à Senlis où les deux garçonnets rencontrent leur tante Hedwige Rosner, le seul parent qui leur reste.

En 1993, pendant les entretiens qu'elle m'accorda, j'ai demandé à Germaine Ribière quel était le mobile qui la faisait agir. Elle me répondit : « Je mettais en application l'enseignement que l'on trouve dans les Évangiles. Rien d'autre. »

Elle écrit dans son journal : « Face à la haine, je ressens un frisson glacé... La haine n'est pas l'univers de Dieu, c'est le refus de Dieu. »

Germaine Ribière a reçu le titre de Juste parmi les Nations, distinction décernée par l'État d'Israël, qui récompense ceux qui durant la Seconde Guerre mondiale ont agi en faveur des juifs. On peut lire ceci sur la notice biographique consultable à Yad Vashem à Jérusalem : « Ribière était un individu unique, une catholique croyante et une patriote française qui consacra toutes ses forces et ses talents à la mission suprême de sauver des juifs. »

Rappelons que Germaine Ribière faisait partie de la manifestation sur les Champs-Élysées, le 11 novembre 1940.

*

Pour clore ce chapitre sur la jeunesse résistante chrétienne, il est impossible de ne pas évoquer la figure de Gilbert Dru. Les informations qui suivent ont été puisées dans le travail universitaire sur la Résistance chrétienne de Jean Comby, historien, professeur à la faculté de théologie de l'université catholique de Lyon.

Gilbert Dru est né à Lyon le 2 mars 1920 ; il est assassiné le 27 juillet 1944. Depuis son entrée à la faculté des lettres, il milite activement à la *Jeunesse étudiante chrétienne.* Mobilisé en 1940, il est gardé prisonnier durant un mois.

Sa participation à la Résistance occupe tout son temps avec le refus du STO (Service du travail obligatoire) imposé par l'Allemagne et Vichy ; il entraîne la jeunesse chrétienne à s'y soustraire et à s'engager dans le maquis. Suivant l'exemple de nombreux chrétiens, il diffuse *Témoignage chrétien.*

À l'issue d'une réunion à Lyon, il est arrêté par la Gestapo ainsi que ceux qui se trouvent dans l'appartement. Torturés, ils sont condamnés à mort, Gilbert Dru pour le motif : chef de la Résistance chrétienne. L'exécution a lieu place Belcour en plein centre de Lyon devant les passants.

Par le plus grand des hasards, le jeune frère de Jean-Marie Domenach, compagnon de route de Dru, assiste à l'assassinat. Voici le témoignage de l'adolescent.

« Le 27 juillet 1944, j'attendais le tramway n° 2 sur la place Belcour, examinant les dégâts qu'une bombe avait faits en explosant dans le restaurant du Moulin à vent, qui était réservé aux officiers allemands, lorsque je vis arriver une camionnette bâchée, encadrée par deux voitures d'où sortirent des hommes de la Gestapo allemande. Ils firent brutalement sortir cinq civils français et les abattirent successivement à coups de mitraillette. Au troisième ou quatrième, je ne sais plus, apparut Gilbert Dru avec un pantalon de golf de mon frère que j'ignorais lui avoir été donné par ma mère. Ceci, outre le fait qu'il avait le front un peu dégarni et qu'il portait des lunettes, me fit croire, l'espace d'un éclair, que c'était mon frère aîné qui allait à son tour se faire descendre. Je reconnus vite que c'était Gilbert Dru. Il fut abattu comme les autres, sauf qu'il resta longtemps à respirer, se vidant de son sang sur le trottoir. Le choc fut si grand pour moi que je me mis à vomir devant les passants immobiles qui étaient saisis d'effroi devant tant de barbarie. J'avais quinze ans et je ne comprenais pas comment des prisonniers, qui n'étaient ni menottés ni entravés, ne faisaient aucun geste, soit pour tenter de s'échapper, soit pour essayer d'agripper un Allemand par le cou pour en étrangler au moins un. Sans un cri, sans une parole, ils sont allés au supplice, successivement, sachant qu'ils allaient mourir. »

Les corps des suppliciés sont restés pendant des jours à même le trottoir, sans qu'il soit permis aux familles de les récupérer. Cette mesure était prise, paraît-il, pour l'exemple.

XIV

APERÇU DE LA JEUNESSE RÉSISTANTE

Les historiens Pascal Plas et Michel C. Kiener, dans leur ouvrage sur l'affaire du 17e Barreau[1], s'interrogent sur la part qui revient à la jeunesse résistante dans la mémoire collective. Ils écrivent : « Au Panthéon de la Résistance, aux côtés des Bertie Albrecht, des Jean Moulin, des Gabriel Péri, des martyrs de Châteaubriant et des héros de l'Affiche rouge… les élèves du lycée Buffon. Leur souvenir a longtemps effacé celui des lycéens de province qui ont, à un moment ou à un autre de la guerre, décidé comme eux de résister et de rompre avec l'attentisme ou l'indifférence de leurs camarades. »

Il est vrai qu'à l'occasion de la mise en lumière de la manifestation du 11 novembre 1940 à Paris, on découvre la pépite que représente l'engagement de la jeunesse de France dans le combat contre l'occupant. Dans cette ambiance d'abandon du pays par les adultes, les lycéens,

1. *Des jeunes en résistance : l'affaire du 17e Barreau 1943*, éditions Lucien Souny, 2008.

étudiants et apprentis ouvriers, qui ont pour la majorité moins de vingt ans, veulent faire reculer la nuit. Les actions qu'ils ont menées ont fini par passer au second plan de la grande histoire de la Résistance, quand elles n'ont pas été tout simplement reléguées dans l'ombre de l'oubli.

La deuxième partie de l'enquête entend faire resurgir des actions oubliées et dresser des portraits parmi cette jeunesse déterminée.

Les lycéens du lycée Gay-Lussac à Limoges sont à l'unisson des manifestants du 11 novembre 1940, même s'ils n'ont rien su de la remontée des Champs-Élysées. Eux aussi sont animés d'une envie de résister et de présenter le poing levé à la face de l'occupant. Pour seule arme, ils disposent uniquement de leur jeunesse et de la foi sans faille qu'ils ont dans la pérennité de leur pays. Et, tout comme leurs frères de Paris, ils ont entre treize et dix-huit ans.

Nous sommes au mois d'avril 1943. La jeunesse en province ou à Paris n'a rien de comparable avec celle de nos jours. À cette époque, le respect envers les enseignants et envers la famille servait d'épine dorsale. Au lycée Gay-Lussac à Limoges, établissement de garçons, la mixité n'était pas admise par l'Éducation nationale. Les jeunes gens et les jeunes filles vivaient leur vie d'adolescents entre les études, le sport et les essais de séduction. Les garçons portaient des culottes courtes jusqu'à quatorze ans, et ensuite, des pantalons de golf.

Le 11 novembre 1942 marque un tournant dans la vie des Limougeauds avec l'entrée des troupes allemandes dans la ville. « Le drapeau à croix gammée, qu'ils voyaient flotter en noir et blanc dans les bandes d'actualités, écrivent Pascal Plas et Michel C. Kiener, flotte en couleurs au fronton des hôtels de la place Jourdan, à cent mètres du lycée. L'état-major y a pris ses quartiers. »

L'éveil de certains lycéens est stupéfiant. Ils n'ont pas attendu les mots d'ordre de la BBC pour agir. Des élèves arborent ostensiblement l'insigne de la Croix de Lorraine sur leur vêtement. Parmi ceux-là, nous trouvons Roland Dumas, dont le père a été fusillé par les Allemands. D'autres, dès que l'occasion se présente, n'hésitent pas à tracer des Croix de Lorraine à la peinture sur les affiches de la collaboration, ou sur les avis officiels édictés par le gouvernement de Vichy.

L'engagement précoce conduit des lycéens à créer un mouvement informel, appelé le 17e Barreau. « Ce qu'il est convenu d'appeler le 17e Barreau sera l'un de ces mouvements nés de l'urgence d'agir », précisent les historiens Plas et Kiener dans leur étude. Que signifie cette appellation quelque peu ésotérique ? Réponse du créateur, un adolescent de seize ans, Félix Champarnaud : « Cela correspond au 17e grade dans l'armée, à savoir celui de maréchal. »

Deux groupes se forment, l'un le 17e Barreau et l'autre le Front patriotique d'essence communisante. « Au cours des quatre mois qui suivent l'arrivée des Allemands, des jeunes d'horizons très divers intègrent un mouvement, précisent Plas et Kiener, de plus en plus structuré, mais qui mêle deux affiliations : 17e Barreau et Front patriotique. »

Bien souvent les jeunes qui rejoignent le « mouvement » ignorent s'ils sont membres du 17e Barreau ou du Front patriotique. La présence du Front patriotique au moment du procès fera croire aux policiers et ensuite aux magistrats qu'il s'agit en fait d'un mouvement communiste, ce qui explique les agissements de policiers, pensant qu'ils ont mis la main sur un réseau important, alors qu'il s'agissait en réalité d'une quarantaine d'adolescents.

Les deux groupes fusionnent donc et concentrent l'essentiel de l'activité à coller des papillons sur les murs ou à les jeter dans les boîtes aux lettres. Après avoir tracé une Croix de Lorraine, il n'est pas rare de trouver en dessous un papillon où figure un texte énigmatique : Avec les compliments du 17e Barreau. Reconnaissons l'originalité de la démarche et apprécions le degré de maturité des initiateurs.

« Les trois mois du début de 1943 voient se multiplier les distributions de tracts, écrivent Pascal Plas et Michel C. Kiener. Ceux-ci s'impriment sur du papier fourni par le fils d'un imprimeur. Ils sont répartis par petits paquets de dix à trente, sortis de valises qui sont passées de main en main selon un scénario précis. »

Le travail de propagande tourne à plein régime et, selon les informations délivrées dans l'étude de Pascal Plas et Michel C. Kiener, il ne semble pas connaître de vrais problèmes, si ce n'est, comme il est fréquent dans ce type d'exercice, des obstacles de logistiques ou de matériel manquant pour la réalisation, par exemple, de l'impression des papillons. Là encore, les lycéens font preuve d'audace et d'imagination : ils parviennent à se procurer la ronéo. La première se révèle insuffisante, il est impératif d'en dénicher une deuxième. Ce sera chose faite avec une lettre à en-tête fabriquée de toutes pièces, « soi-disant écrite par le commissaire régional des Scouts de France, précisent les historiens, et validée par un tampon "Police nationale" aussi faux que le reste, surchargé de la fausse signature d'un commissaire de police ».

Il s'agit d'aller plus loin, de frapper plus fort, en un mot d'impressionner l'occupant et de mettre en émoi la police de la ville. La cible choisie est le siège d'un mouvement de Doriot, *L'Émancipation nationale*. Le rôle de chacun est déterminé entre celui qui apporte un maillet, utile pour briser la vitrine, et l'autre qui apporte une bouteille remplie d'essence devant servir à incendier le local. L'opération se déroule dans la nuit du 22 au 23 janvier 1943. Selon le plan initialement prévu, la vitrine est brisée, l'essence répandue et une allumette y met le feu. Des soldats allemands se trouvant à proximité, alertés par les flammes et la fumée, interviennent aussitôt et maîtrisent l'incendie à ses débuts.

Un mois plus tard, le siège du journal collaborateur *Le Franciste* est visité par les lycéens en pleine nuit. Ils entrent par effraction, s'emparent de la liste des abonnés ainsi que des documents de propagande, vident les armoires de leur contenu et y mettent le feu. Le carrelage de la pièce freine l'incendie qui ne démarre pas et s'éteint de lui-même.

Dans la nuit du 12 au 13 mars, le groupe retourne à la permanence de *L'Émancipation nationale*, brise les planches qui oblitèrent la vitrine brisée, et pour la deuxième fois allume un incendie. Des agents de police passent dans le secteur et, voyant les flammes, alertent les pompiers. Le lendemain, les inspecteurs trouvent un tract avec ces mots : Avec ses vœux, le 17e Barreau.

Les rues de la ville sont absolument désertes et l'éclairage public réduit au minimum par économie, ce qui permet aux adolescents d'échapper aux policiers, à condition de marcher silencieusement dans la ville endormie dont ils connaissent les moindres recoins. « Ce que l'on craignait surtout, c'était les Allemands et pas les policiers », déclare l'un des protagonistes.

Le succès entraîne les deux mouvements réunis dans l'action à grimper d'un échelon et à s'engager dans une opération qui fera parler d'elle. La nouvelle cible est le dépôt des Messageries routières dans un bâtiment à l'architecture impressionnante, que les Limougeauds ont baptisé « *Le frigo* ». L'action étant d'envergure, pour sa réussite, sept jeunes ouvriers viennent s'agréger au groupe. L'organisation de l'attaque est parfaite et l'on est une fois de plus surpris par la maturité des intervenants.

Disons-le tout de suite, cette expédition sera fatale aux lycéens résistants. Le soir venu, au moment de pénétrer dans le local, les visiteurs nocturnes sont repérés par de simples agents de police, ceux qui circulent sur leur vélo et qui sont désignés sous le vocable d'*hirondelles*.

Interpellés, les adolescents prennent la fuite, mais quelques-uns sont arrêtés.

Dans la ville, la surprise est totale. Les *terroristes* sont des jeunes, encore des gamins ; parmi la bande se trouvent des enfants appartenant à de bonnes familles. Néanmoins, leurs actions réveillent les adultes, elles les renvoient à leur immobilisme. Si des adolescents ont été capables d'agir, que signifie leur soumission ?

Les lycéens sont arrêtés et, sans aucun égard pour leur jeunesse, ils subissent la violence de la police : interrogatoire, photo anthropométrique. Ils sont internés au camp de Nexon comme des droits communs, plongés brutalement dans l'univers carcéral avec la promiscuité des dortoirs et la fréquentation en commun des tinettes.

L'historien Pascal Plas, souvent évoqué tout au long de l'exposé de l'affaire du 17e Barreau, m'a fait l'honneur et l'amitié de nous raconter la suite de l'aventure des lycéens de Limoges et, au passage, de nous livrer ses réflexions sur la jeunesse résistante.

« Les membres du 17e Barreau sont scindés en deux groupes. L'un est interné à la prison de Limoges, l'autre au camp de Nexon. Rappelons que le camp construit en 1940 en Haute-Vienne fonctionnera jusqu'en 1945 et sera ensuite détruit.

— Trouve-t-on une réponse qui justifierait la séparation en deux groupes ?

— Le groupe interné à la prison était supposé être composé de communistes ou appartenant à des familles qui l'étaient. L'enquête ne l'a jamais vraiment démontré.

— Le traitement entre la prison et le camp est-il différent ?

— Absolument. Les conditions à la prison de Limoges sont effroyables, le traitement subi par les inculpés est indigne, compte tenu du fait que ce sont des adolescents. En revanche, la vie au camp de Nexon, qui est par ailleurs un lieu rigide, se révèle moins astreignante qu'à la prison. Certains des jeunes sont autorisés à quitter le camp pour rendre visite à leurs parents ou reçoivent des visites ; les colis sont admis.

— À quel moment quittent-ils le camp ?

— Lorsque la date de l'audience est fixée. Ajoutons que la sortie est également conditionnée au fait que les parents s'engagent auprès de la police et de la justice à remettre leurs enfants dans le droit chemin.

— Quelle est la forme de cet engagement ?

— Ils prêtent serment tout simplement. L'audience arrive et il faut dire que peu de prévenus se présentent au tribunal. Ils sont nombreux à s'évanouir dans la nature, et d'autres encore rejoindront le maquis. Pour ceux-là, notons leur opiniâtreté dans leur volonté de résister.

— Sont-ils néanmoins condamnés ?

— Pour la justice, les absents ont toujours tort. Oui, ils seront condamnés par contumace à de lourdes peines. Les internés à la prison, contraints d'être présents, subiront aussi de lourdes condamnations.

— Comment expliquez-vous que cette affaire sorte seulement maintenant ?

— Cet aspect nous intrigue et Michel C. Kiener encore plus fortement depuis que nous avons écrit le livre. Je pense qu'il y a eu un oubli de ces actes résistants qui sont pourtant assez extraordinaires quand on songe à l'âge qu'avaient les protagonistes. L'oubli est accentué aussi parce que les membres du 17e Barreau à la Libération ne restent pas en contact. Ils se dispersent et chacun suit sa route et cela dure ainsi pendant des années, jusqu'au jour où Félix Champarnaud, le concepteur, se dit : “Tout de même, nous sommes des Anciens de quelque chose” et décide de retrouver le maximum de membres du mouvement. Il les convie à un dîner annuel. Là aussi, nous constatons qu'il y a du relâchement. Tous ne viennent pas ou épisodiquement. L'un des protagonistes, habitant Nantes, après la parution du livre, nous a écrit : “C’est incroyable, disait-il dans sa lettre, vous avez retrouvé tous mes copains.” Si nous n’avions pas fait émerger l’affaire, une partie des acteurs ne sauraient rien sur les autres. »

— L’extrême jeunesse n’est-elle pas une cause du phénomène de l’oubli ?

— Oui, car leur mémoire n’a été portée par aucun des grands mouvements constitués à la Libération qui ont été les relais des mémoires communistes, gaullistes et juives. Les lycéens ont échappé à toutes les trajectoires mémorielles. Il n’y avait personne pour évoquer leur aventure. Notons aussi que les parents ont une part de responsabilité, inconsciente évidemment, dans cette occultation. Ils ont considéré qu’il s’agissait de bêtises de jeunes, et qu’il n’y avait aucune raison de s’y attarder.

— D’une façon plus générale, comment expliquez-vous le fait que la mémoire de la jeunesse résistante soit aussi peu connue, voire ignorée ?

— Cet effacement en dit long sur la place de la jeunesse dans la société à cette époque. Elle n’existe pas. Les années cinquante ont en plus véhiculé la même perception que l’on avait de la jeunesse dans les années trente. Viennent les années soixante, la jeunesse commence à exister et devient marchande, mais pour celle des années quarante c’est trop tard, elle ne peut pas revenir en arrière et occuper la place qui lui revient de plein droit. À cet égard, nous voyons de plus en plus d’historiens qui découvrent ou redécouvrent la place occupée par la jeunesse résistante en dehors des chromos habituels. D’où votre livre et d’où le nôtre. Ce qu’il est important de signaler, c’est le brassage de groupes sociaux que les mouvements de résistance de lycéens ont opéré. Je vous donne un exemple : le réseau du 17e Barreau était composé pour l’essentiel de lycéens, mais il y avait des jeunes ouvriers et des paysans, ce qui est étonnant quand on sait comment ces groupes sociaux justement étaient cloisonnés. Henri Colombeau, qui avait dix-huit ans au moment des faits, est un de ces exemples parmi les plus frappants. Songez qu'il est arrêté, sévèrement tabassé par la police ; ensuite il est déporté en Allemagne à Dachau jusqu'à la fin du conflit et finit par rentrer à Limoges. C'est donc un survivant. Eh bien, même avec un tel passé, il ne se fait pas connaître. Il a écrit un très beau texte qui nous a été remis encore une fois après la publication de notre travail. J'ai édité sa lettre dans une revue d'histoire. Cela montre que, même avec un parcours dépassant largement le dossier du 17e Barreau, la mémoire de cet homme est restée dans l'ombre pendant des années. »

XV

LES MARTYRS DU LYCÉE BUFFON

Le 8 février 1943, à 11 heures du matin, cinq adolescents sont attachés contre les poteaux d'exécution au stand de tir de Balard situé dans le 15e arrondissement de Paris. Lieu de souffrances s'il en est, construit en 1938 à l'intention des policiers parisiens pour qu'ils puissent s'exercer à tirer, il verra mourir sous la torture et sous les balles des résistants de toutes les obédiences : communistes, gaullistes et juifs communistes. Dans l'une des chambres de torture, découverte en 1944, les résistants laissèrent l'empreinte de leurs mains sur les murs. Monstrueux tableau témoignant de la sauvagerie des séances auxquelles étaient soumises les victimes.

Les cinq lycéens âgés de quinze à dix-huit ans sont des élèves du lycée Buffon à Paris. Avec leur mort, ils écrivent une des plus belles pages qui se puissent composer sur le courage humain.

Pour ces cinq élèves, tout commence avec la débâcle et la soumission des adultes à la fatalité. Ils ne croient pas à cette fatalité, la France n'est pas vaincue, elle ne peut pas disparaître sous la botte allemande. Tout est possible, il suffit de lutter. Ils sont présents le 11 novembre 1940 et parviennent à déposer un bouquet de fleurs sur la tombe du Soldat inconnu malgré la redoutable répression policière française et allemande.

Pierre-André Dufetel, le Président de l'Association des Résistants du 11 novembre 1940, apporte deux informations importantes concernant les lycéens de Buffon. Tout d'abord, il précise que les cinq se trouvaient sur les Champs-Élysées, le 11 novembre 1940, et ensuite, que Baudry, l'un des cinq lycéens, figure sur les listes des manifestants incarcérés dans les prisons parisiennes à l'issue de la manifestation. Baudry le fut à la prison du Cherche-Midi.

La foi dans le pays est si grande qu'ils essaient de convaincre les plus tièdes de leurs camarades de les rejoindre dans la lutte. Jean-Marie Arthus, Jacques Baudry, Pierre Benoît, Pierre Grelot et Lucien Legros finissent par comprendre qu'ils doivent agir seuls, ne pouvant compter sur l'aide de qui que ce soit.

Les premières actions consistent à coller des papillons sur les murs, couloirs de métro, etc. Les tracts sont soit rédigés à la main, soit tapés sur une machine à écrire. Or, leur rédaction mobilise un temps considérable ; ils décident donc d'installer chez l'un des membres du groupe une petite imprimerie grâce à laquelle ils peuvent imprimer des liasses de papillons en un rien de temps.

Au mois d'avril 1942, il se produit au lycée Buffon le même événement qu'au Quartier latin au mois d'octobre 1940, avec l'arrestation du professeur Paul Langevin.

Cette fois, il s'agit de Raymond Burgat né le 15 septembre 1892 à Troyes, et décédé à Cologne, en Allemagne, le 15 juin 1944, où il est décapité à la hache dans la cour de la prison.

Raymond Burgat, professeur de Lettres, est un résistant de la première heure. Avec des amis issus du groupe catholique de gauche *Jeune République*, il fonde, le 21 septembre 1940, le mouvement *Valmy*.

Voici un extrait de l'entretien de Paul Simon – qui fut un membre actif du mouvement – qu'il accorda à Jean Oberlé pour la chaîne de radio anglaise BBC le 3 février 1942. Jean Oberlé était à Londres dans le studio dans lequel le général de Gaulle prononça l'Appel du 18 juin 1940. Il fut l'un des animateurs de l'équipe de la France Libre à Radio-Londres. On lui doit le fameux slogan : « Radio-Paris ment, Radio-Paris ment, Radio-Paris est allemand. » Peintre et illustrateur, né en 1900 à Brest, il mourut à Paris en 1961. (Source : *Les voix de la liberté*, Documentation française.)

L'interview nous permet de comprendre le choix de *Valmy* comme nom du mouvement.

« Pourquoi avez-vous choisi ce titre ?

Paul Simon : C'est parce que la bataille de Valmy est la première de la Révolution où les Français ont repoussé les Prussiens. C'est pour cela aussi que notre petit journal portait à côté du titre la devise : "Un seul ennemi, l'envahisseur."

— Et comment fabriquiez-vous votre journal ?

— Ça n'était pas commode. Le premier numéro parut en janvier 1941. Nous l'avons imprimé avec une imprimerie d'enfant. Cela nous prit un mois pour imprimer cinquante exemplaires. Chaque exemplaire se composait d'une simple feuille de papier, imprimée recto et verso. »

L'arrestation de Raymond Burgat se répand comme une traînée de poudre. C'est un enseignant très proche de ses élèves ; il les encouragea à se rendre sur les Champs-Élysées, le 11 novembre 1940, les entraîna dans son sillage au mois de mai 1941 à la Commémoration de Jeanne d'Arc, manifestation qui réunit à la barbe de l'occupant plus d'un millier de personnes.

Le 6 avril 1942, un cortège d'élèves, à la tête duquel se trouvent les cinq lycéens résistants, entre dans Buffon en chantant *La Marseillaise* et en demandant la libération du professeur de Lettres. Des lycéens viennent s'agréger aux manifestants, si bien qu'en l'espace de quelques minutes, ils sont une centaine à pénétrer dans la cour des grands.

Pendant dix minutes, les tracts sont distribués et des appels sont lancés à la libération du professeur. La dispersion commence lorsque sonne la cloche annonçant la reprise des cours.

Les lycéens qui n'ont pas cours veulent ressortir de l'établissement mais ne peuvent le faire. Un des agents a fermé les issues et prévenu la police. Les jeunes gens sont comme pris dans un piège. Les cinq réussissent à s'enfuir. Jean-Marie Arthus et Lucien Legros par le « petit lycée », Jacques Baudry, Pierre Benoît et Pierre Grelot en se cachant dans les caves de l'établissement. Pour une raison dont on ne trouve nulle part l'explication, seuls Lucien Legros et Pierre Benoît sont dénoncés à la police comme étant les meneurs. Fichés, ils ne peuvent plus revenir au lycée par crainte d'être arrêtés et désormais doivent vivre dans la clandestinité.

Les cinq décident de passer outre l'épée de Damoclès suspendue au-dessus de leur tête ; non seulement ils poursuivent leur action de résistance, mais ils l'intensifient. En effet, ils passent à la vitesse supérieure, à savoir la lutte armée.

La première cible est une action contre des soldats allemands, rue de l'Armorique, dans le 15e arrondissement à Paris ; puis, ensuite, ils enchaînent quai Malaquais, toujours à Paris, dans le 6e arrondissement. Ils s'aperçoivent qu'ils n'ont blessé personne lors des attentats, parce qu'ils sont de piètres tireurs ; la prochaine fois, ils utiliseront des grenades. Celles qu'ils lancent sur les invités d'un amiral allemand qui donne une fête sur une vedette arrimée quai de Tokyo fait des dégâts, certes, mais aucun des convives n'est ni tué ni blessé.

La lutte armée ne donnant pas les résultats escomptés, les cinq lycéens reprennent le travail de sape, distribution de tracts et collage d'affiches au contenu subversif.

Les jeunes gens sont dénoncés, et les 3 et 4 juin 1942, la Brigade spéciale nº 2 des Renseignements généraux arrête Lucien Legros, Jean-Marie Arthus, Jacques Baudry et Pierre Grelot. Pierre Benoît parvient à s'échapper du filet tendu par les fonctionnaires de police.

Le 17 juin, les quatre jeunes arrêtés comparaissent devant le tribunal spécial de Paris pour leur participation à une manifestation contre l'occupant, rue de Buci. Le verdict a la violence d'un couperet : travaux forcés à perpétuité. Pierre Benoît, en fuite, est condamné par contumace.

Pierre Benoît rejoint un groupe de FTP (Francs-tireurs et partisans), mouvement d'obédience communiste, à Moret-sur-Loing où il poursuit la lutte sous le pseudonyme de « l'étudiant » en perpétrant des sabotages et des attentats principalement dirigés vers les collaborateurs. Ses cibles préférées sont les voies ferrées et les aérodromes. Il est signalé par les Services généraux et par les services de police comme « un chef dangereux, toujours armé et se sachant recherché ».

Blessé à une jambe au cours d'une opération, il revient à Paris pour être soigné. Par sécurité, il se cache dans les égouts parisiens durant des semaines. Il est arrêté le 28 août 1942, à la gare Saint-Lazare, où il avait rendez-vous avec une résistante qui, la veille du rendez-vous, avait été appréhendée par la Gestapo ; Pierre Benoît l'ignorait.

La police remet les cinq lycéens aux Allemands ; un procès spectacle juste pour la forme, mais la condamnation à mort est bien réelle. En attendant leur exécution, ils sont transférés à la prison de Fresnes. Ils ne se démoralisent pas pour autant et poursuivent à l'intérieur de la prison leur travail de propagandistes. Ce qui fait la démonstration de leur force de caractère et de la foi qu'ils mettaient dans la victoire. Ils refusent de recevoir l'aumônier allemand parce qu'il porte l'uniforme SS.

Les cinq lycéens sont exécutés le 8 février 1943. Les corps sont jetés dans une fosse commune dans le cimetière parisien d'Ivry-sur-Seine.

À la Libération, ils sont décorés à titre posthume de la Légion d'honneur, de la Croix de guerre, de la Médaille de la Résistance et cités à l'Ordre de la Nation.

Jean-Marie Arthus est né le 2 avril 1925 à Lausanne en Suisse, mais de parents français. Son père, veuf en 1940, était médecin psychiatre.

Il avait quinze ans le 11 novembre 1940, dix-huit ans le 8 février 1943, où il fut assassiné. Il écrivit une lettre à son père le jour même de son exécution :

> *« Mon grand chéri,*
> *Je ne sais pas si tu t'attendais à me revoir, je m'y attendais.*
> *On nous a appris ce matin que c'était fini, alors, adieu. Je sais que c'est un coup très rude pour toi, mais j'espère que tu es assez fort et que tu sauras continuer à vivre en gardant confiance en l'avenir.*
> *Travaille, fais cela pour moi, continue les livres que tu voulais écrire, pense que je meurs en Français pour ma patrie.*
> *Je t'embrasse bien.*
> *Aux enfants, à Andrée et à ma filleule.*
> *Adieu, mon grand chéri.*
> *Jean Arthus. »*

Jacques Baudry, né le 7 avril 1922, est fils unique. Son père est professeur d'économie. Entré au lycée Buffon en

1932, il y réussit son baccalauréat et préparait, en 1940, le concours aux Grandes écoles.

Il avait dix-huit ans, le 11 novembre 1940, vingt et un ans le 8 février 1943, le jour où il fut assassiné. Il écrit une lettre à ses parents le matin de son exécution.

> *« Mes pauvres parents chéris,*
> *On va m'arracher cette vie que vous m'avez donnée et à laquelle je tenais tant. C'est infiniment dur pour vous et pour moi. J'ai eu la chance de savoir, avant de mourir, que vous étiez courageux. Restez-le, surtout ma petite maman que j'embrasse de tout mon pauvre cœur.*
> *Mes pauvres chéris, j'ai accepté le combat, vous le savez. Je serai courageux jusqu'au bout. La guerre sera bientôt finie. Vous serez quand même heureux dans la paix, un peu grâce à moi. Je veux retourner à Douchy à côté de pépère et de mémère. J'aurais voulu vivre encore pour vous aimer beaucoup. Hélas ! Je ne le peux pas ! La surprise est amère.*
> *J'ai eu les journaux. Nous mourrons en pleine victoire*[1]*. Exécution ce matin à 11 heures. Je penserai à vous, à Nicole. Hélas ! Nos beaux projets d'avenir ! Qu'elle ne m'oublie pas non plus, ni mes parents. Mais surtout que la vie continue pour elle, qu'elle profite de sa jeunesse.*
> *Papa, maman, mes chéris, qui m'avez tant aimé. Adieu. Je vous étreins bien fort tous trois. Courage. Vivez. Je vous embrasse le plus tendrement pour la vie.*
> *Adieu Papa, Maman.*
> *Adieu Nicole. Vive la France.*
> *Votre Jacques. »*

1. Il fait allusion à la défaite de l'armée allemande à Stalingrad devant l'armée soviétique.

Pierre Benoît est né le 7 mars 1925 à Nantua – département de l'Ain. Son père est officier de police et sa mère directrice d'une école maternelle.

Il avait quinze ans le 11 novembre 1940, dix-huit ans le 8 février 1943, où il fut assassiné. Comme ses camarades, il écrit une lettre à ses parents, le jour de son exécution.

« Mes chers parents, chers amis,
C'est la fin...On vient nous chercher pour la fusillade. Tant pis...Mourir en pleine gloire[1]*, c'est un peu vexant, mais qu'importe !...*
Le rêve des hommes fait événement.
Nano, souviens-toi de ton frangin. Jusqu'au bout, il a été propre et courageux et, devant la mort même, ne tremble pas.
Tototte, Toto, adieu, je vous aimais comme mes autres parents.
Nano, sois un bon fils. Tu es le seul fils qui leur reste, ne fais pas d'imprudences.
Adieu, tous ceux que j'ai aimés, tous ceux qui m'aimaient, ceux de Nantua et les autres.
La vie sera belle. Nous partons en chantant. Courage.
Ce n'est pas si terrible après six mois de prison.
Mes derniers baisers à vous tous.
Votre Pierrot. »

Pierre Grelot est né le 16 avril 1923, fils d'un ingénieur dessinateur au ministère des PTT. Il se destinait à l'enseignement de l'espagnol.

Il avait dix-sept ans le 11 novembre 1940, vingt ans le 8 février 1943, lorsqu'il fut assassiné. Lui aussi écrit une lettre à ses parents, le jour de son exécution.

---

1. Il fait allusion à la capitulation de l'armée allemande à Stalingrad, le 2 février 1943, face à l'armée soviétique.

« Maman chérie, papa et Jacques chéris,
Tout est fini maintenant. Je vais être fusillé ce matin à 11 heures. Pauvres parents chéris, sachez que ma dernière pensée sera pour vous ! Je saurai mourir en Français.
Pendant ces longs mois, j'ai beaucoup pensé à vous, et j'aurais voulu plus tard pouvoir vous donner tout le bonheur que votre affection pour moi méritait en retour. J'ai rêvé tant de choses pour vous rendre heureux après la tourmente. Mais hélas ! Mes rêves resteront ce qu'ils sont.
Je vous embrasse beaucoup, beaucoup. La joie de vous revoir m'est à jamais interdite. Vous aurez de mes nouvelles plus tard.
Je vous embrasse encore et toujours, mes parents chéris. Gardez toujours dans votre cœur mon souvenir...
Adieu maman, papa, Jacques chéris, adieu ! »

Lucien Legros est né le 11 juin 1924, fils d'un chef de bureau du ministère des Finances. Il était passionné de poésie, de peinture et les archives indiquent qu'il était un excellent pianiste.

Il avait seize ans le 11 novembre 1940, dix-neuf ans le 8 février 1943, lorsqu'il fut assassiné. Tout comme ses camarades, il écrit une lettre à ses parents.

« Mes parents chéris, mon frère chéri,
Je vais être fusillé à onze heures avec mes camarades. Nous allons mourir le sourire aux lèvres, car c'est pour le plus bel idéal.
J'ai le sentiment à cette heure d'avoir vécu une vie complète.
Vous m'avez fait une jeunesse dorée ; je meurs pour la France, donc je ne regrette rien.

Reconstruisez une belle famille...
Jeudi, j'ai reçu votre splendide colis ; j'ai mangé comme un roi.
Pendant quatre mois, j'ai longuement médité : mon examen de conscience est positif, je suis en tout point satisfait.
Bonjour à tous mes parents et amis.
Je vous serre une dernière fois sur mon cœur.
Lucien. »

*

Il est apparu, en croisant les informations, que les lettres ne présentaient pas toutes la même transcription d'une source à l'autre. J'ai essayé de rétablir ce qui manquait afin que la lecture soit complète. Néanmoins, une lettre pose problème, celle de Pierre Grelot. Dans *Écho de la Résistance*, n° 100, 1964, pages 60-61, le texte est bien celui qui se trouve plus haut. Or, dans le cahier iconographique n° 20, le texte est différent. Il est identique dans la brochure de la DMPA (Direction de la mémoire du patrimoine et des archives), collection « Mémoires et citoyenneté », n° 31, « Les cinq étudiants du lycée Buffon », éditions DMPA – Ministère de la Défense, février 2003.

À toutes fins utiles, voici l'autre texte. Sa lecture laisse entrevoir qu'en fait Pierre Grelot a écrit une lettre à sa mère, alors que la lettre « officielle » ou du moins présentée comme telle est adressée à sa famille. On peut donc supposer qu'il a réussi à la faire passer en usant de complicités. La première phrase semble l'expliquer : « *La censure allemande ne me permettant pas de mettre sur mes lettres tout ce que je désirerais te faire savoir, je te fais parvenir ce message que tu ne liras qu'après la victoire.* »

« Maman chérie,

La censure allemande ne me permettant pas de mettre sur mes lettres tout ce que je désirerais te faire savoir, je te fais parvenir ce message que tu ne liras qu'après la victoire.

Je voudrais te dire tout d'abord le chagrin que j'ai de ton malheur, et mon angoisse quand j'ai appris que vous aviez failli être fusillés, et que ce n'est qu'à la dernière minute que vous avez été sauvés. Il ne suffisait pas que tu me perdes, il fallait aussi que toute la famille expie le crime d'avoir voulu sauver la Patrie.

(Le texte qui suit est illisible, ce qui ne permet pas une transcription correcte, mais laisse entrevoir les difficultés rencontrées par l'auteur pour écrire avec les poignets entravés jour et nuit par des menottes, comme il l'explique plus loin dans la lettre.)

Je voudrais maintenant te dire, maman chérie, ce qu'a été ma vie depuis le 30 juin. Je suis seul dans une cellule sans soleil, comme la plupart des autres camarades de souffrances et de combat, mourant de faim, sale, à peine à manger, pas de promenade, pas de lecture, souffrant de froid, et depuis le 7 juillet, je porte nuit et jour les menottes derrière le dos. Je serais un bien mauvais Français, si je n'avais pu trouver le moyen de les ôter ! Le seul réconfort à tous ces supplices (j'oubliais les coups de nerfs de bœuf que j'ai reçus à la Gestapo), c'est la certitude de la victoire – allusion à la défaite des Allemands à Stalingrad – (car bien qu'au secret, on réussit à avoir quelques nouvelles) et l'héroïsme des camarades qui partent vers la mort en chantant. La France peut être fière d'avoir de tels enfants. J'espère que la patrie reconnaissante saura récompenser votre sacrifice, qui est celui de tant de familles, et qu'elle saura

reconstruire tous les foyers détruits par la barbarie impérialiste.
J'ai été jugé avec mes camarades le 15 octobre. Cela n'a été qu'une comédie. Nous savions à l'avance quel serait le verdict puisque, pour rien, on condamne à mort. Mon acte d'accusation portait "propagande antifasciste et contre l'armée d'Occupation, port et détention d'armes et de munitions", etc. Une seule de toutes ces choses suffisait pour me faire condamner à mort, aussi il n'y avait pas de salut possible. Nous avons tous été condamnés à la peine de mort. Notre attitude devant le tribunal a été digne et noble. Nous avons su imposer le respect à ceux qui assistaient au procès. Les soldats étaient émus, et j'en ai vu qui pleuraient. Pense que nous avions de 17 à 20 ans. Quand, après l'arrêt, le président nous a demandé si nous voulions ajouter quelque chose à nos déclarations, nous avons dit notre fierté de mourir pour la Patrie. J'ai moi-même répondu : "Je suis fier de mériter cette peine." S'il leur restait encore quelques scrupules, ça les leur a enlevés.
[Illisible]
Je t'embrasse une dernière fois, Maman chérie. Je meurs en Français, le front haut, ton nom sur les lèvres, ta pensée dans mon cœur.
Ton petit Pierre »

Le poète Paul Éluard, ami de la famille Legros, en hommage au jeune Lucien et à ses camarades, écrivit en 1944 le poème qui suit :

La nuit qui précéda sa mort
Fut la plus courte de sa vie
L'idée qu'il existait encore
Lui brûlait le sang aux poignets

LES MARTYRS DU LYCÉE BUFFON

Le poids de son corps l'écœurait
Sa force me faisait gémir
C'est tout au fond de cette horreur
Qu'il a commencé à sourire
Il n'avait pas un camarade
Mais des millions et des millions
Pour le venger, il le savait
Et le jour se leva pour lui.

XVI

LES ENFANTS RÉSISTANTS

Ce n'est pas une moindre surprise de découvrir que des enfants font de la Résistance. Leurs exploits mis au compte du sensationnel n'occupent pas la place qui leur revient dans le grand livre de la mémoire.

Dans les campagnes, on ne compte pas le nombre de petites bergères ou de jeunes bergers qui ont su écouter, sans se faire remarquer, et transmettre à qui de droit les informations qu'ils avaient entendues.

Ginette Marchais est née le 26 mars 1931 à Mouzay en Indre-et-Loire. Ses parents déménagent à Genillé, région du Centre, dans le département d'Indre-et-Loire. Ce village et les environs furent des hauts lieux de combats contre l'occupant. Le village en lui-même marque sa place dans l'histoire ; il fait partie des plus anciens villages de France, son nom apparaît sur des pièces de monnaie mérovingiennes, mais surtout, il doit sa renommée à Adam Fumée, médecin qui fut au service des rois Charles VII et Louis XI. Voilà pour le passé lointain.

En 1940, les préoccupations des villageois sont tournées vers la lutte contre l'occupant. Un jeune homme né en 1921, James Thireau, dont les grands-parents vivent à Genillé, est chargé par le chef du réseau au sein duquel il combat d'organiser des terrains de parachutages et un terrain d'atterrissage dans sa région.

« J'étais de jour comme de nuit, explique James Thireau au journaliste Philippe Chapleau pour les besoins du livre, *Des enfants dans la Résistance*, déjà bien occupé ; je ne pouvais pas être à l'écoute de la BBC et relever les messages qui concernaient nos maquis. »

C'est alors que le responsable du réseau, le colonel Ailleret, lui suggère de recruter une aide, de préférence une jeune fille très jeune dont le travail consisterait à écouter les annonces diffusées par Radio-Londres et décoder les messages relatifs aux atterrissages et aux parachutages.

« La fille aînée de mes patrons, Ginette Marchais, avait onze ans. Elle avait du caractère et du bon sens. Je lui ai proposé cette aventure périlleuse. Malgré son très jeune âge, elle a accepté. C'était un peu de l'inconscience… En dépit des risques, ses parents aussi ont accepté. Il faut dire qu'ils étaient déjà impliqués parce que nous avions mis en place un terrain d'atterrissage et un de parachutage sur leur ferme. »

Pour les besoins de la cause, Ginette apprend les signaux codés avec une lampe de poche servant à guider les avions. La moindre erreur pouvait se révéler catastrophique, la réussite du parachutage ou de l'atterrissage dépendant entièrement de la petite fille. La collaboration de Ginette ne s'arrête pas à diriger les avions, elle réceptionne aussi des officiers. Elle doit les conduire à travers les bois jusqu'au PC de Couasny. Avec sa mère, elle écoute Radio-Londres et déchiffre les messages destinés à la Résistance. Elle saura se servir d'un poste émetteur et transmettre des informations en morse. La question évidente qui vient à l'esprit est de savoir si la petite fille avait peur.

« Peur ? Vous croyez qu'à cet âge-là on mesure les risques et les conséquences ? Cependant, j'étais très discrète. Quand j'allais aux champs garder les moutons, je brodais des Croix de Lorraine sur les brassards des FFI. J'en ai fait quatre cents : je les cachais avec mon matériel de couture dans une boîte que je ne rapportais jamais à la maison. Je les cachais dans une haie avant de rentrer et je les reprenais le lendemain. »

Le 25 mars 1946, Ginette Marchais est décorée de la Croix de guerre 1939-1945 avec étoile de bronze, elle avait quinze ans.

L'histoire ne s'arrête pas là. James Thireau, blessé des mois auparavant en sautant sur une mine, revient à Genillé où il retrouve Ginette qu'il demande en mariage.

*

Le témoignage de Jean-Jacques Auduc illustre ce que l'on pourrait nommer la *Résistance de proximité,* mais l'aventure du petit Sarthois va au-delà des actions perpétrées par les enfants durant la Seconde Guerre mondiale au profit des réseaux de résistance ; il met également à nu la tragédie vécue par des familles françaises avec la déportation de ses membres.

Jean-Jacques Auduc est né le 9 juillet 1931 à Cérans-Foulletourte, localité proche du Mans. Son père étant démobilisé en mai 1943, il entre immédiatement en contact avec le responsable français André Dubois du réseau anglais Buckmaster (voir Annexes). Ce dernier installe le poste émetteur chez le curé. Mais les Allemands allant et venant à proximité de l'église l'obligent à déménager. Le poste est installé chez Marie Auduc, la grand-mère de Jean-Jacques. « Les Allemands savaient bien qu'il y avait des émissions radio grâce à la gonio, mais ils n'ont jamais pensé à venir chez ma grand-mère puisqu'elle n'avait pas d'électricité. En fait, le poste émetteur fonctionnait avec une batterie. » (Explication nécessaire à la compréhension du témoignage de Jean-Jacques Auduc : il emploie le terme gonio qui est l'abrégé de radiogoniométrie. La radiogoniométrie était utilisée par l'occupant pour lui permettre de détecter la présence d'un poste émetteur.)

L'hôtel de la Calandre, 94, rue Gambetta au Mans, est tenu par un couple courageux, Juliette et Victor Brault ; engagé dans la lutte, il met à la disposition des résistants une boîte aux lettres pouvant accueillir les messages et les ordres. La boîte en question est un simple radiateur qui a été trafiqué par l'ingénieux hôtelier. Chaque semaine, le jeune Jean-Jacques fait le trajet depuis la maison de sa grand-mère jusqu'au Mans à bord de son vélo. À l'hôtel de la Calandre, il récupère messages et instructions, puis retourne à Cérans-Foulletourte. « Vingt-cinq kilomètres aller, vingt-cinq kilomètres retour, raconte Jean-Jacques Auduc. J'avais douze ans. Je franchissais les barrages allemands sans être inquiété. Je cachais les messages dans la pompe de mon vélo. »

Juliette et Victor Brault, les hôteliers résistants, sont dénoncés et internés au siège de Sipo-SD [Gestapo] du Mans, où ils subissent de longues et pénibles séances de tortures. Puis, c'est la déportation : Victor Brault, le 22 janvier 1944 vers Buchenwald ; il meurt à Ellrich, en Allemagne, le 25 décembre 1944. Juliette, son épouse, est internée à Ravensbrück le 31 janvier 1944 où elle meurt le 1er avril 1945.

L'aviation britannique repère sur le terrain d'aviation du Mans trois escadrilles de bombardiers sur le tarmac. Comment apprécier le danger ? Un adulte ne peut venir s'informer par crainte d'être repéré. C'est dans ce type de situation que les enfants résistants ont apporté pendant la durée du conflit une aide considérable à la lutte anti-allemande. Jean-Jacques Auduc, un cerf-volant à la main, entre naturellement sur le terrain d'aviation, aucune raison de se méfier d'un enfant qui joue. « Les gardiens, se souvient l'ancien jeune résistant, c'étaient de vieux soldats allemands, ils se sont mis à jouer avec moi. » Le garçonnet découvre que les bombardiers sont en bois, ce sont des leurres. Le responsable Dubois, apprenant la supercherie, est soulagé et les Anglais également. La découverte n'a pas empêché une unité de la Royal Air Force de bombarder le terrain d'aviation – humour anglais oblige – avec des bombes en bois. Pour cette action, Jean-Jacques Auduc recevra le 13 juin 1943 la Croix de guerre avec étoile de vermeil.

Au mois de novembre 1943, le malheur s'abat sur les parents du jeune résistant. Ils sont dénoncés, arrêtés par la Gestapo, torturés et déportés. Sa mère à Ravensbrück dans un *Kommando* où l'on faisait des expériences sur les femmes ; les poumons brûlés, elle mourra en 1949 à quarante et un ans. Son père, interné à Mauthausen, pesait trente-huit kilos à sa libération ; il ne pouvait plus physiquement reprendre son travail. C'est le jeune Jean-Jacques qui reprend la ferme en main et apprend la sylviculture par correspondance. Celui qui fut le plus jeune résistant de France dit aujourd'hui, avec amertume : « J'avais tout perdu. J'avais perdu ma jeunesse, j'avais perdu ma mère, je n'avais pas fait d'études… En forêt, j'étais bien, parce que je ne voulais plus voir les humains. Plus je vieillis, plus ça se confirme. Aujourd'hui, je suis le seul survivant du réseau sur 104. »

XVII

LES SCOUTS DANS LA RÉSISTANCE

Les mouvements scouts constituent des viviers de résistants. L'occupant n'a aucune raison de s'en méfier. La structure du scoutisme avec ses codes et sa hiérarchie ne ressemble-t-elle pas à celle de l'armée ? Le scoutisme catholique, protestant et juif est mobilisé dès l'armistice, investissant le terrain social, apportant aide et assistance en particulier aux personnes âgées. Les scouts, garçons et filles, glisseront dès la fin de 1940 vers l'action résistante sans relâche, jusqu'à la libération du territoire. La page écrite par cette jeunesse durant le conflit avec l'Allemagne nazie, si elle n'est pas connue – il est regrettable de le constater –, mérite qu'elle le soit. En voici quelques exemples.

À Belfort, une unité scoute catholique créée au mois de février 1943, par l'abbé Pierre Dufay, combattant de la France Libre sous le pseudonyme de Ratem, prend le nom du routier Guillaume Boulle de Larigaudie, plus connu sous le nom de Guy de Larigaudie, figure centrale du scoutisme routier, qui trouva la mort le 11 mai 1940 à Musson en Belgique, lors d'un affrontement avec l'armée allemande.

Le clan Guy de Larigaudie de Belfort quitte rapidement les actions sociales pour se consacrer exclusivement à des opérations de plus grande envergure : le renseignement, activité dans laquelle les scouts se révèlent ingénieux dans la récolte des informations, le travail de liaison, la distribution de tracts et de journaux clandestins dont *Témoignage chrétien.*

À compter de 1944, le clan participe à la réception des parachutages d'armes, puis au transport du matériel parachuté au nez et à la barbe de l'occupant. Enfin, sous l'impulsion de l'abbé Dufay, beaucoup d'entre eux rejoignent les maquis constitués autour de Belfort immédiatement après le débarquement en Normandie des Forces alliées, et, avec un courage qui ne faiblira jamais, ils prennent part aux combats. Onze scouts sur quatre-vingt-quatre engagés sont tués au combat.

Bernard Braun, agent de liaison du Père Dufay, est arrêté à Auxelles-Haut, le 15 septembre 1944. Il est torturé pendant deux jours et meurt le 15 avril 1945 dans un camp d'internement. Il avait vingt ans.

Charles Clabey, commissaire du district scout de Belfort, responsable du dépôt d'armes, meurt au camp de concentration de Gross-Rosen, le 5 janvier 1945.

Les frères Hartweg, Claude et Pierre, meurent d'épuisement dans les camps. Pierre le 24 janvier 1944 à Buchenwald et Claude le 7 mars à Flossenburg (Haute-Bavière proche de la frontière tchèque). Ils ont été arrêtés alors qu'ils tentaient de traverser la frontière entre la France et l'Espagne avec l'espoir de pouvoir trouver un moyen d'embarquer pour l'Angleterre.

Yves Henin, diffuseur de journaux clandestins, meurt tué par un éclat d'obus. Il avait seize ans.

L'abbé Pierre Dufay trouve la mort le 31 décembre 1944 tandis qu'il inspecte les postes de combat disposés sur les rives du Rhin.

*

Le 15 juin 1940, l'armée allemande attaque la ligne Maginot. Elle ne résiste pas aux coups de boutoir et, trois jours plus tard, Strasbourg, Colmar et Mulhouse sont occupées. La région et le département de la Moselle sont annexés au pays de Bade.

La répression allemande se manifeste par la création de deux camps : le Struthof, lieu d'extermination avec chambres à gaz et incinérateurs, et le camp de rééducation de Schirmeck.

Cent mille Alsaciens et Lorrains sont incorporés de force dans la Wehrmacht. L'histoire leur donnera un nom : « *Malgré-nous* ».

De 1940 jusqu'au mois de février 1942, dans cette Alsace annexée pour la deuxième fois après la défaite de 1870, des jeunes femmes membres des Guides de France (Mouvement de scoutisme catholique féminin créé en 1925 avec sa branche « Jeannette » par Marie Diémer) organisent une filière d'évasion, permettant ainsi à deux cent cinquante prisonniers de guerre de s'évader et à cent Alsaciens de rejoindre la France.

Le noyau du groupe se donne le nom d'équipe des *Purs Sangs*. Il est composé de Lucienne Welschinger, Emmy Weisheimer, Lucie Welker, Alice Daul et sa sœur Marie-Louise qui accomplissent, avec l'aide de camarades et de résistants, un exploit extraordinaire – le mot n'est pas trop fort – qui est avant tout une démonstration de courage.

Chaque jour, les Alsaciens voient passer sous leurs fenêtres des colonnes de prisonniers de guerre que l'occupant allemand utilise à toutes sortes de corvées. Les *Purs*

Sangs leur glissent discrètement des paquets de cigarettes et de tabac. Devant la demande pressante de prisonniers de faire passer leur courrier, les jeunes femmes mettent au point un stratagème. Le témoignage du curé François Goldschmitt publié juste après la guerre nous éclaire sur le mode opératoire :

« Une voiture militaire apportait tous les jours du ravitaillement aux PG (*prisonniers de guerre*). Elle stationnait à 11 heures place de l'Orangerie. Le conducteur allemand était accompagné d'un prisonnier français mis au courant préalablement du trafic illicite. Une Guide détournait l'attention du conducteur en sollicitant un renseignement. Le hasard faisait qu'au même moment une autre jeune fille se trouvait de l'autre côté de la voiture près du *PG*. Sur un signe convenu, celui-ci faisait glisser à terre un paquet de lettres qu'une troisième Guide à bicyclette ramassait. Elle disparaissait rapidement par une ruelle avoisinante. »

Les paquets sont ensuite transmis à des cheminots qui les acheminent à Paris, puis ils sont remis à la Résistance PTT qui se charge de les faire distribuer.

Le système fonctionne aussi dans l'autre sens. Des lettres sont cachées dans les paquets de nourriture que les Guides jettent dans les camions sans se faire remarquer des sentinelles, sur le chemin du retour en direction du camp.

« Dès l'arrivée au camp, précise François Goldschmitt, le *PG* qui accompagnait le conducteur les faisait disparaître, puis à l'abri du regard des gardiens, en assurait la distribution. »

Les jeunes veulent aller plus loin dans leur combat en mettant au point le moyen de faire évader des prisonniers, pari risqué et pouvant se révéler fort dangereux. Les Allemands ont interdit tout contact avec les prisonniers ; les infractions sont punies de plusieurs mois de prison. Indifférentes à ce qu'elles encourent, les *Purs Sangs* se lancent dans l'opération.

Deux officiers polonais sont pris en charge par Lucienne Welschinger et Emmy Weisheimer. Lucienne les cache dans une dépendance de l'hôtel-restaurant tenu par sa famille. Après avoir déniché des vêtements civils, les deux jeunes filles se chargent chacune d'un évadé. La première sur son vélo ; la seconde fait prendre le train à l'autre. Rendez-vous à Hersbach dans la vallée de la Bruche à quarante-cinq kilomètres de Strasbourg, chez des amis de Lucienne. Des bénévoles ayant une parfaite connaissance de la montagne les accompagnent afin de leur faire passer la frontière. Les Polonais arrivent cinq jours plus tard à Lyon.

Encouragées par ce premier succès et d'autres qui suivent, les Guides comprennent que si elles veulent aller plus loin, c'est-à-dire augmenter le nombre d'évasions en les regroupant, elles doivent au préalable s'assurer du fonctionnement de leur entreprise et, pour ce faire, elles partent en repérage dans la montagne. Dans le village d'Hegenheim, elles découvrent un chemin qui longe le cimetière et débouche directement en Suisse. Elles font un relevé topographique détaillé de l'itinéraire à partir de la gare de Saint-Louis. Deux autres jeunes filles, la semaine suivante, font le trajet, munies des informations récoltées sur le terrain, afin de vérifier sur place la faisabilité du trajet et de noter les difficultés. Durant des semaines, le petit chemin permet de nouvelles évasions ; mais les Allemands, renforçant la surveillance, rendent le passage difficile et même dangereux. Il faut trouver un autre itinéraire.

À partir de l'été 1941, les Guides décident de passer par les Vosges. Laissons la parole à Lucienne Welschinger [témoignage recueilli par François Goldschmitt] :

« Les samedis et les dimanches, de nombreux Alsaciens ont coutume de partir, sac au dos, faire des randonnées en groupe dans les Vosges. Les passeurs se mêlaient avec leurs prisonniers à cette foule d'excursionnistes. Le dimanche, deux Guides [des membres de son groupe] se relayaient pour cette mission. Après avoir assisté à la messe, elles se rendaient au lieu du rendez-vous à la gare pour prendre en charge les prisonniers qu'elles étaient chargées de convoyer. Le nombre variait suivant les dimanches. On pouvait en avoir jusqu'à dix, rarement plus. Après avoir pris le train jusqu'à Munster avec un changement à Colmar, le groupe partait à pied sur la grande route en direction de Stosswihr, puis s'engageait dans la montagne où régnait un silence impressionnant. Une halte était prévue pour reposer les jambes durement sollicitées par l'ascension, pause pendant laquelle les prisonniers recevaient un casse-croûte et un verre d'eau-de-vie revigorant. La collation terminée, ces touristes pas comme les autres poursuivaient leur chemin vers la liberté. Le plus difficile les attendait.

Les Guides précédaient le groupe ; les fugitifs suivaient d'une manière échelonnée pour être prêts en cas de coup dur à se disperser d'un seul coup et à prendre la fuite. L'ascension du Tanet [il compte parmi les plus importants massifs vosgiens (990 m - 1 288 m)] sous le soleil brûlant de l'été, dure en hiver à cause de la neige, est dangereuse de toute façon, quelle que soit la saison. Sur la route des crêtes délimitant la frontière, on se faisait rapidement les adieux avant de redescendre dans la vallée. Nos « touristes » prenaient alors le chemin dans la direction de Gérardmer et vers le pensionnat Notre-Dame de Sion. Le mot de passe était « Marie-Louise ». Les fugitifs recevaient un accueil chaleureux. Une nouvelle halte – repos et restauration – était prévue avant de poursuivre leur chemin suivant un plan soigneusement élaboré. »

Imaginons ce que pouvaient représenter ces passages quasiment hebdomadaires durant l'hiver dans le vent, la neige jusqu'aux genoux, et en y ajoutant le brouillard. C'est avec un courage inouï que les *Purs Sangs* accompagnent les évadés. Les archives racontent que le 31 janvier 1942, les sœurs Marie-Louise et Alice Daul guident un groupe de dix Alsaciens. La tempête rend la progression impossible, la neige atteint par endroits sept mètres. Chacun en son for intérieur pense que sa vie prend fin dans ce cauchemar… puis une ferme… les habitants absents… des braises encore chaudes dans la cheminée. Le groupe passe la nuit dans ce refuge inespéré et repart le lendemain, reposé et confiant à nouveau dans l'avenir.

Lucie Welker, une des Guides du groupe, est arrêtée par la Gestapo le 18 février 1942. Les gestapistes découvrent à son domicile le carnet dans lequel sont consignées toutes les informations concernant les passages. C'est donc sans difficulté qu'ils peuvent arrêter les membres du réseau.

Les *Purs Sangs* sont incarcérées à la prison de Kehl et ensuite transférées au camp de Schirmeck. Le procès a lieu le 26 janvier 1943. Les condamnations sont très lourdes.

Lucienne Welschinger est la seule condamnée à mort. Emmy Weisheimer écope de huit ans de réclusion, Lucie Welker, quinze ans, Alice et sa sœur Marie-Louise, huit ans.

L'émotion est intense parmi la population alsacienne. Le sort des jeunes femmes est évoqué à Vichy devant Philippe Pétain. Aidé du nonce apostolique, il intervient auprès de Berlin pour suspendre la peine de mort. Celle-ci l'est effectivement, mais l'intéressée, Lucienne Welschinger, n'est pas informée de la décision des Allemands. Chaque jour, à la forteresse de Ziegenheim, elle attend son exécution.

Le 15 décembre 1946, à Strasbourg, devant les troupes militaires leur rendant les honneurs, les *Purs Sangs,* vêtues de leur uniforme de Guides, sont décorées.

*

Le mouvement scout les Éclaireurs et éclaireuses israélites de France (*EEIF*) doit sa création en 1923 à un jeune homme de 17 ans, Robert Gamzon, reconnaissable sous le sigle EIF… ou encore plus simplement EI. Comment le mouvement est-il né dans l'esprit de Gamzon ? Depuis des années, il était hanté par le fait que les protestants et les catholiques possédaient leur propre scoutisme. Pourquoi les juifs n'auraient-ils pas le leur ?

« Robert persuada une dizaine de jeunes camarades, se souvient Antoinette Sher-Simon, de se grouper et de lancer une troupe scoute. Ainsi, la première troupe fut constituée et portait le nom de David. Robert Gamzon fut totémisé "Castor soucieux". En décembre 1924, nous étions une quarantaine. Nos éclaireurs et nos louveteaux venaient de tous les milieux. L'esprit qui régnait était forcément très protestant, je dirais même puritain, sinon Quaker. Nous nous prenions très au sérieux et nous pensions apporter au monde quelque chose de nouveau. En fait, nous n'avions peut-être pas tellement tort. »

Dès la déclaration de la guerre, Gamzon mobilise le mouvement dans des interventions. Les Éclaireurs et éclaireuses israélites de France créent des réseaux de sauvetage d'enfants, montent des laboratoires de faux papiers, trouvent des cachettes pour les familles en péril. C'est la création du maquis juif de la Montagne Noire qui délivrera Castres et Mazamet. Mais c'est peut-être dans le sauvetage des enfants pourchassés que les scouts juifs feront la démonstration de leur courage.

Jacques Marburger a dix-neuf ans en 1943, il est scout au EI. Depuis Annecy il s'occupe avec des camarades appartenant au mouvement scout de faire passer clandestinement la frontière entre la France et la Suisse à des familles juives.

« Je louais les services d'un passeur pour accompagner le groupe jusqu'à la ligne de barbelés séparant les deux territoires et ce passeur, par crainte d'être repéré, la plupart du temps se sauvait, ayant au préalable empoché l'argent.

Mon rôle commençait. Je devais couper les barbelés afin de faire passer les gens de l'autre côté. Ce n'était parfois pas une sinécure, les réfugiés avaient des valises impossibles à porter. On ne peut pas courir dans la montagne avec une valise que l'on traîne. J'essayais de leur faire enlever un maximum des effets qu'elles contenaient et c'était à chaque coup un refus catégorique. En revanche, il arrivait que des gens intelligents, comprenant la situation, acceptaient de laisser la valise en France ; nous leur promettions de la déposer à la consigne de la gare d'Annecy où ils pourraient la récupérer après la guerre. J'ai souvent commis l'erreur de leur promettre de garder le ticket. »

Après la Libération, des familles se présentèrent à la gare voulant récupérer leur valise. Les jeunes résistants avaient disparu : ils combattaient ailleurs, ou étaient morts, ou le ticket était perdu.

« Pris par les actions, nous finissions par perdre les tickets, ou je dois avouer qu'il nous arrivait de les jeter. La vie humaine nous semblait plus importante.

— Vous est-il arrivé de tomber sur une patrouille suisse ?

— Très fréquemment. Les gardes frontières voulaient savoir qui étaient les gens que nous accompagnions. Nous leur répondions qu'ils étaient poursuivis et qu'ils souhaitaient pouvoir se réfugier dans leur pays. Le point fort de notre argument était le suivant : nous leur disions que s'ils les refoulaient, ces gens seraient obligatoirement arrêtés par les Allemands. Par bonheur, les enfants choisissaient toujours ce moment-là pour se mettre à pleurer. Les gardes n'osaient plus faire barrage, ils disaient : “Allez, passez-nous les enfants.” Naturellement, les adultes suivaient. Dès que le groupe avait franchi la ligne de barbelés, nous revenions en courant car nous devions éviter la patrouille allemande. Notre sursis était d'une heure. C'est pourquoi notre discussion avec les gardes suisses ne pouvait pas durer trop longtemps.

— Avez-vous des groupes qui sont revenus ?

— Jamais. Nous en passions deux par semaine. Vers la fin, je ne supportais plus les gens que j'aidais à franchir la frontière. Ils se montraient difficiles, n'étaient jamais contents, le trajet leur paraissait trop long, il fallait marcher dans les champs… Si vous saviez comme ils étaient bruyants. Impossible de les faire taire. Avec mes camarades, nous risquions notre peau, et eux se montraient déplaisants.

— Vous arrivait-il de le leur faire savoir ?

— Non. Notre devoir était de les faire passer. Nous ne nous serions jamais permis de leur dire quoi que ce soit. »

XVIII

LA RÉSISTANCE JUIVE

La Résistance juive est une des branches des mouvements de lutte contre l'Allemagne nazie qui s'est fait le moins connaître. Pour une large part, la volonté d'oubli vient des acteurs eux-mêmes. Après la Libération, renouant avec la vie familiale et professionnelle, ils n'ont pas jugé utile de faire état de leur combat. Il faudra attendre des années pour qu'ils acceptent de débonder leur mémoire.

Deux grandes familles composent la Résistance juive. La première, l'action civile, consiste à cacher les enfants et tenter d'en faire passer clandestinement le plus grand nombre en Suisse ou en Espagne. Placer les familles dans des lieux sûrs et fabriquer de faux papiers à leur intention (cartes d'identité, d'alimentation, etc.) pour qu'elles puissent survivre. Survivre pour ces familles, c'était déjà une forme de résistance.

L'action armée représente l'autre partie de la famille résistante. Aussi surprenant que cela puisse paraître, il y a eu une armée juive clandestine agissant dans une France occupée par l'Allemagne nazie. Deux des maquis de la Montagne noire (Tarn) sont juifs. On y suit une instruction militaire et l'apprentissage du maniement d'armes. Dans les villes, les groupes de l'AJ (Armée juive) exécutent les dénonciateurs, provoquent les évasions de prisonniers, posent des bombes et détruisent les fichiers qui comportent des noms juifs. Elle s'occupe aussi de passages en Espagne pour ceux qui veulent soit rejoindre de Gaulle à Londres, soit rallier les rangs de la Brigade juive incorporée dans le corps d'armée anglais en Palestine sous mandat britannique.

Dès la proclamation du statut des juifs et ensuite l'édiction des lois raciales par le gouvernement de Vichy, les juifs comprennent que leur vie est en danger. L'enfant juif n'était pas épargné. Les arrestations d'enfants sonnent l'alarme, chacun prend conscience du danger. Sauver l'enfant devient, au fil des jours, l'objectif qu'il faut atteindre. Lancées sur les routes, des jeunes filles, encore des adolescentes pour la majorité d'entre elles, sillonnent la zone occupée, se déplaçant par le train ou en vélo, et celle dite libre, à la recherche de cachettes pour l'enfant afin de le soustraire à la barbarie nazie. Parmi ces commis voyageurs de la survie, on trouvait des jeunes filles catholiques et protestantes. Micheline Cahen, scoute unioniste, rejoint la Résistance juive. Sur son vélo, elle parcourt l'Orne, la Sarthe et la Normandie à la recherche de familles d'accueil.

« Je m'adressais aux notables. Dans l'ensemble, ils n'étaient pas trop difficiles à convaincre. Je leur disais qu'il s'agissait d'enfants vivant dans les villes, qui avaient besoin, pour se refaire une santé, de “manger du beurre”, selon la formule que l'on employait à l'époque. L'appui des curés et des instituteurs était d'une grande utilité ; ils m'indiquaient, dans le village ou la petite ville, les familles que l'on pouvait aborder sans trop de risques.

— Comment se passait le moment où vous révéliez l'identité des enfants ?

— C'était inutile, ils comprenaient au cours de la conversation.

— Vous est-il arrivé d'essuyer des refus ?

— Si nous sentions la moindre réticence, nous remerciions notre interlocuteur et nous allions voir ailleurs, tout simplement. »

Une lourde responsabilité repose sur les épaules de ces jeunes filles ; elles doivent se montrer vigilantes, développer une psychologie de l'immédiat et, bien entendu, éviter la moindre erreur. Celle-ci pourrait se révéler fatale pour l'enfant, la famille d'accueil et la convoyeuse également.

« Et rusées en permanence, ajoute Micheline Cahen. Par exemple, sous le couvert du Service social de la préfecture de police de la région parisienne, j'organisais des groupes de dix enfants non juifs, parmi lesquels je parvenais à glisser cinq ou six enfants juifs. »

Elle prend le train avec son convoi d'enfants, descend à Vire et les dépose dans une laiterie située juste en face de la gare. Ensuite, avec une assistante, elles vont récupérer les bicyclettes qu'elles ont chargées dans le train au départ de Paris.

« Pendant ce temps, les laitiers gavaient les enfants de tartines de beurre. »

Puis vient le placement dans les familles. Micheline Cahen et l'assistante chargent deux enfants par vélo, l'un sur le porte-bagages arrière, l'autre devant.

« Après les avoir déposés dans les familles, nous revenions chercher les autres qui attendaient chez le laitier. Autant vous dire que nous faisions des kilomètres en une seule journée. Dans l'Orne, les côtes étaient particulièrement pénibles. Celle de Mortain, des années après, impossible de l'oublier ! Le retour, une fois le dernier enfant livré, était souvent très gai. Dans chaque ferme, nous devions manger une tartine de rillettes, boire du cidre, puis une tasse de café et l'inévitable marc. En retournant à la gare de Vire, nous ne roulions pas droit. »

Dans les réseaux, la jeune fille doit surveiller la vie des enfants qu'elle a placés, s'inquiéter de savoir si tout va bien, repérer les enfants maltraités ou utilisés dans les fermes comme une main-d'œuvre gratuite. Elle doit connaître par cœur le lieu de chaque cachette, mais ne peut rien écrire, précaution utile dans le cas où elle serait arrêtée. Elles agissent sous le contrôle d'une responsable de secteur, dans une zone géographique limitée. L'enfant n'est jamais prévenu du passage de la visiteuse ; il ignore sa véritable identité, ne connaît que son prénom.

« Les demandes de l'enfant, précise Micheline Cahen, correspondaient à des besoins élémentaires : vêtements, coton hydrophile, savon… La minute tant redoutée venait au moment où l'enfant d'une voix calme demandait des nouvelles de ses parents. "Sont-ils vivants ?" lançait-il. Sans nouvelles des parents, ou les sachant déportés, que fallait-il répondre ? Vous voyez, des années après, cet instant me bouleverse tout autant qu'à l'époque. »

C'est une lapalissade de dire que l'action clandestine nécessite la prudence, le secret, le contrôle de soi, l'esprit d'initiative et, surtout, la suppression de toute trace écrite. Le mot d'ordre circule dans les réseaux de sauvetage des enfants : « *Ne rien écrire.* » Néanmoins, les jeunes convoyeuses sont confrontées à une réalité. Ces centaines d'enfants éparpillés dans la nature, comment ne pas les perdre ? La question hante les esprits. Si la guerre avait duré un an de plus, toutes les résistantes sont unanimes sur un point : des enfants auraient été oubliés. Pour déjouer un possible oubli, les dirigeants se montrent moins sévères sur l'application des règles de sécurité, demandant aux convoyeuses d'inventer un système simple ou ingénieux. Germaine Dessonaz employa un moyen mnémotechnique :

« J'avais toutes les listes des faux noms et des vrais noms des enfants avec des numéros qui étaient inversés. Par exemple, 5341 sur une liste était 1435 sur l'autre. Donc, si on trouvait un nom sur une liste avec le numéro 1435, on ne trouvait pas son correspondant sur l'autre liste. »

Malgré les précautions prises par les unes et par les autres, les enfants ne sont pas pour autant à l'abri d'une dénonciation.

Le 31 mai 1944, une camionnette bâchée convoie vingt-huit enfants juifs de quatre à quinze ans, avec leur monitrice, qui s'apprêtent à franchir clandestinement la frontière pour entrer en Suisse. Il reste tout juste deux cents mètres à parcourir avant d'atteindre la haie d'arbres qui sépare les deux pays. Soudain, une patrouille allemande surgit devant le véhicule. Léon Herzberg, âgé de quinze ans, qui venait de Limoges avec son jeune frère, se souvient avec netteté de la minute où le convoi a été arrêté.

« Nous avions très peur. Les aînés rassuraient les plus petits. Il y a eu des pas précipités autour de la camionnette. Puis, d'un mouvement brusque, la bâche a été soulevée. Je n'oublierai jamais le faisceau de la lampe torche du soldat, il l'a promené sur nos visages et, avant de rabattre la bâche, il a crié : Juden ! Il me semble que tout le groupe a été parcouru par le même frisson. »

La monitrice est Marianne Cohn dite Marianne Colin dans la Résistance. Elle est devenue « Colin » grâce à un faussaire qui a réussi à enlever la petite barre horizontale du « h » de son nom d'origine. Née à Mannheim en 1922, elle a émigré avec sa famille en Espagne en 1934, puis en France en 1939. Ses parents ont été internés au camp de Gurs, comme éclaireurs et éclaireuses israélites de France. Lors de l'invasion de la zone sud, elle gagna Grenoble et entra dans la Résistance juive, où on lui demanda d'assurer les passages d'enfants en Suisse.

Rachel Mandelbaum, adolescente à l'époque, se souvient de l'attitude de Marianne au moment de l'arrestation. « Elle restait calme. Les enfants l'entouraient, sa présence nous rassurait. »

Le groupe est conduit en pleine nuit à Annecy, à l'hôtel de la Gestapo. Pendant plus d'une heure, petits et grands sont interrogés.

« L'officier, dit Léon Herzberg, nous donnait des gifles et des coups de poing.

— Aux petits aussi ?

— Il me semble que oui.

— Quel genre de questions vous posait-il ?

— Est-ce que nous sommes juifs ? Entre grands, nous avions décidé de dire que nous étions juifs, mais que les petits ne l'étaient pas. C'était naïf ! »

Après les interrogatoires, la camionnette part en direction d'Annemasse. Les Allemands entassent les enfants dans une baraque, juste en face de la prison du Pax, en attendant de prendre une décision les concernant. Jean Deffaugt, maire d'Annemasse, mis au courant de l'arrestation, se précipite chez Georges Mayer, chef de la Gestapo. Il veut le persuader de ne pas déporter les enfants.

Le romancier et historien Emmanuel Heyman dresse le portrait de Jean Deffaugt, homme courageux, qui organisa avec acharnement le sauvetage des petits détenus du Pax :

« Nommé maire par le gouvernement de Vichy, Jean Deffaugt est un bonhomme rondouillard et jovial. Entré dans la Résistance presque par hasard, parce qu'un voisin pharmacien lui a dit un soir : "Je pense que vous pourriez fournir quelques renseignements." »

Deffaugt, donc, obtient de scinder le groupe des enfants.

« J'ai pu obtenir, dit-il, la libération des plus petits, de quatre à onze ans, qui furent recueillis successivement à l'hôpital d'Ambilly, sous la protection affectueuse et maternelle de Mlle Françoise Chapelier, puis au Centre de secours national à Monétier, et enfin à l'hôtel Beausite, à Bonne-sur-Ménoge.[1] »

La tâche du maire n'est pas terminée pour autant. Il reste toujours dans la baraque onze adolescents et leur monitrice. C'est alors qu'il eut l'idée d'alerter Emmanuel Racine, responsable de la Résistance juive armée pour la région. Il souhaite que Racine l'aide à convaincre les nazis de relâcher les enfants. Il va de soi que les Allemands ignorent la fonction véritable de Racine. Deffaugt et lui s'étaient déjà rencontrés huit mois auparavant. Mila, la sœur d'Emmanuel Racine, avait été arrêtée dans des circonstances analogues... et pratiquement au même endroit.

En homme d'action, le responsable de la Résistance juive propose au maire un plan pour faire évader Marianne. Deffaugt étudie la stratégie et va ensuite le proposer à la jeune fille. « Elle demanda quelques instants de réflexion. Elle revint vers moi avec une réponse négative. On lui avait confié le soin de veiller sur les enfants, elle ne pouvait pas les abandonner. Elle estimait qu'elle devait remplir sa mission jusqu'au bout. »

Le jour même, par l'intermédiaire de Deffaugt, elle adresse une lettre au frère de son amie Mila.

« ... Pour en revenir à la question, tu peux comprendre facilement que ce n'est pas moi qui dois partir la première. »

Durant son incarcération, Marianne connaît peu de jours sans interrogatoire. Elle part le matin, sous escorte, et traverse la ville à pied jusqu'au bureau de son tortionnaire. Emmanuel Racine la voit passer, mais ne peut rien faire. Le soir, de retour à la prison, elle dîne avec les enfants. Ceux-ci peuvent remarquer son visage rougi dont la peau tendue à l'extrême témoigne des violences subies pendant la journée.

---

1. Emmanuel Heyman, *Le camp du bout du monde, Les enfants juifs à la frontière suisse*, Éditions Favre, 1984.

Dans la nuit du 7 au 8 mai, elle est extraite de la prison. Pendant le dernier dîner pris avec les enfants, elle semble nerveuse. Se doute-t-elle de quelque chose ? Sait-elle ce qui l'attend ? Nul ne le saura jamais. C'est au milieu de la nuit que les Allemands viennent la chercher.

Traînée dans la petite forêt de Ville-la-Grand, Marianne est frappée à coups de pelle, puis achevée d'une balle dans la tête.

Jean Deffaugt, dans ses mémoires, relate la découverte du corps : « C'était une horreur. Le visage n'avait plus forme humaine. Les tortionnaires s'étaient acharnés sur elle, animés d'une rare sauvagerie. »

XIX

LA PEUR

La jeunesse résistante n'ignore pas la peur. Si le temps lui manque pour y penser, le sentiment plane en permanence.

La situation du résistant juif est simple. S'il est arrêté en tant que résistant, sans que ses origines soient révélées, il peut craindre le processus de destruction mis en place par les nazis : l'interrogatoire et, au bout, la torture. S'il est arrêté en tant que juif, il échappe en principe à la torture, parce qu'il est voué à la mort sans conditions préalables. L'historienne Anny Latour exprime la crainte de cette jeunesse devant le spectre de la torture :

« Il faut avoir vécu les sombres années de l'Occupation pour savoir ce que le mot Gestapo signifiait pour nous. Ce n'était pas la peur de la mort ; non, infiniment plus. Tombé dans le filet de la Gestapo, c'était l'interrogatoire, c'était la torture, c'était la destruction de l'être dans l'être. Qui de nous pouvait savoir si, sous la torture, nous n'irions pas jusqu'à trahir nos camarades ?[1] »

1. Anny Latour, *Résistance juive en France*, Éditions Stock, 1970.

Les rafles sont imprévisibles. Elles peuvent avoir lieu à n'importe quelle heure du jour ou de la nuit. Avec les témoignages qui suivent, on s'aperçoit que la vie tient souvent à un fil et qu'un rien peut le rompre à tout instant.

Jacques Marburger se retrouve à Nice après Annemasse où il organisait les passages clandestins de familles vers le territoire suisse. Avec son ami Jacques Waintraub, il a monté un laboratoire clandestin, dans lequel les deux jeunes résistants fabriquent des faux papiers à longueur de journée. Pas uniquement à l'usage des juifs, mais aussi à l'intention de la Résistance nationale.

Ils quittent le laboratoire chacun perché sur sa bicyclette, lorsque surgit une voiture de la Gestapo. Du véhicule, on leur donne l'ordre de mettre pied à terre.

« Manifestement, dit Marburger, ils nous attendaient. Au lieu d'obéir, je me suis sauvé. »

Il est rattrapé. On lui hurle de se tenir tranquille, sinon on lui tire dessus. En effet, depuis la voiture, un homme le tient en joue avec un revolver.

« Voyant le type me tenir en joue, j'avoue avoir eu peur.

— Prendre la fuite, ce n'était pas forcément la meilleure solution.

— C'est vrai. J'avais à peine vingt ans, j'ai paniqué. Jacques Waintraub n'a pas bougé. Les gestapistes nous conduisent à l'hôtel Ermitage. Waintraub et moi, nous nous sommes sentis soulagés. Cela signifiait qu'on nous prenait pour des résistants. En tant que juifs, nous aurions été conduits à l'hôtel Excelsior. Ensuite, cela aurait été la déportation. »

Jacques Waintraub est muni d'une serviette bourrée de faux papiers et contenant des billets de banque. En arrivant à l'Ermitage, il la remet au réceptionniste, qui ne lui demande pas de l'ouvrir afin de vérifier le contenu. Une chance. Les deux jeunes gens sont isolés chacun dans un salon. Marburger met à profit l'isolement pour vider ses poches des faux papiers et les dissimule sous les coussins du canapé. Waintraub et lui sont interrogés ensemble, puis séparément.

— D'après la fausse carte d'identité, explique Marburger, j'étais né dans l'Isère et fils de cultivateur. À chaque interrogatoire, je racontais la même histoire, sans jamais en changer une virgule. Je répétais que je me trouvais à Nice parce que j'y faisais des études.

— Vous n'avez jamais craint de craquer ?

— Le travail que nous accomplissions dans la Résistance nous obligeait à ne jamais être pris au dépourvu. Nous savions qu'à partir du moment où on était arrêté, si on se défendait maladroitement, on risquait le pire.

— Avez-vous subi des violences ?

— Ils me donnaient des gifles, des coups de pied, des coups de poing.

— Même dans ces moments-là, vous avez pu vous contrôler ?

— Il n'y avait rien d'autre à faire. »

Ne trouvant aucun mobile qui aurait justifié cette garde à vue, les deux amis sont libérés tard dans la nuit. Mais voilà que, arrivé à mi-chemin, Jacques Waintraub s'aperçoit qu'il a oublié la serviette qu'il avait confiée au réceptionniste en arrivant à l'hôtel. Il fait demi-tour et court la récupérer. Il n'est jamais ressorti. Entre-temps, on avait fouillé la serviette et découvert les fausses cartes d'identité et les billets de banque. Transféré à l'hôtel Excelsior, il est conduit jusqu'à Drancy, puis ce fut la déportation et la mort à Auschwitz.

*

David Blum fait partie du maquis de la Montagne Noire. Le 22 juillet 1944, il reçoit un ordre de mission qui consiste à se rendre à Toulouse, afin d'y récupérer des adolescents, les amener au maquis où ils attendront le prochain départ pour la Palestine, en passant par l'Espagne.

David arrive au lieu du rendez-vous, dans le début de l'après-midi. Les adolescents présents attendent tout en bavardant. Soudain, la porte est enfoncée et une nuée de miliciens, les armes à la main, font irruption dans l'appartement.

« J'ai eu une frousse bleue, avoue David Blum, je me suis dit : Toi, mon vieux, tu vas crever ici. »

Les miliciens le conduisent au siège de la Milice. Les interrogatoires commencent immédiatement. Blum comprend qu'il doit raconter une histoire qui tient debout, cela va sans dire, mais surtout avec un fond de vérité.

« D'emblée, je leur ai dit que j'étais juif. Que j'avais sur moi une somme d'argent qui devait me permettre de passer en Espagne. Comment avais-je été en contact avec le groupe ? Voilà plusieurs mois, un homme, rencontré par hasard, avait promis de me venir en aide.

— Que sont devenus les adolescents ?

— Je ne l'ai jamais su. »

Inlassablement, David Blum répète la même histoire. Les premiers interrogatoires se déroulent dans une ambiance que l'on peut qualifier d'humaine. Puis, brusquement, sans raison, tout change. Les miliciens se mettent à le rouer de coups et lui faire subir toutes sortes de tortures.

« À l'aide d'une paire de ciseaux, ils ont découpé une étoile juive dans ma chevelure. Ils m'ont brûlé la peau à la hauteur des chevilles avec une cigarette. J'ai eu droit à la torture électrique. Dans une main, je tenais un fil dénudé dont ils m'appliquaient l'autre extrémité sur le corps, aux endroits que leur indiquait leur fantaisie. À chaque séance, j'avais mon compte de gifles, de coups de pied dans les jambes, de coups de poing dans la figure. Comme j'avais les mains liées au dos, il m'était impossible d'éviter les coups.

— Malgré les douleurs et l'humiliation, quelles étaient vos pensées ?

— Que tout cela se terminerait par la mort. »

À l'aube du septième jour, on vient le chercher. En descendant l'escalier, il est persuadé qu'il vit les derniers instants de sa vie. Dans la cour, pas de peloton d'exécution comme il le craignait mais une camionnette qui l'attend. Il est hissé à l'intérieur ; ses muscles ne répondent plus aux sollicitations les plus élémentaires.

« On m'a conduit à une caserne qui servait de centre de rassemblement des juifs destinés à la déportation. Je suis parti avec un convoi qui comptait deux mille personnes de Toulouse à Buchenwald. »

*

Paulette Godefroy, chrétienne dévouée à la cause des juifs, se trouve à Limoges sur le chemin de la cachette d'un enfant. Des hommes de la Gestapo l'arrêtent. Paulette a la présence d'esprit de glisser l'adresse à l'oreille de l'enfant pour qu'il s'y rende lui-même. Aux gestapistes, elle montre ses papiers, et comme ils ne semblent pas convaincus qu'elle n'est pas juive, elle se met à réciter des prières. Rien n'y fait. Les hommes lui crachent au visage : « Vous êtes une amie des juifs. » Ils la conduisent au siège de la Gestapo. Là, elle subit les pires tortures – notamment des brûlures de cigarette sur les cuisses. La violence des tortionnaires est telle qu'elle finit par s'évanouir.

Dans le milieu de la nuit, Paulette retrouve ses esprits et constate que les bourreaux, épuisés sans aucun doute, se sont endormis sur leurs chaises. La jeune femme décide de fuir par la fenêtre donnant sur le rez-de-chaussée. À cause de ses jambes meurtries, chaque mouvement est un supplice. Avec une volonté farouche, elle réussit à atteindre la grille du parc. Un camion passe à cet instant ; elle fait signe au chauffeur de s'arrêter, ce qu'il fait et il l'invite à monter à bord.

« J'ai pu me cacher dans un hôpital de Limoges, l'infirmière-chef était une de mes amies. J'ai su que les hommes de la Gestapo la cherchèrent dans toute la ville pendant des jours. »

XX

LE LOURD TRIBUT

La jeunesse résistante paie un lourd tribut à la libération du territoire. Les étudiants et les lycéens sont les premières victimes des arrestations, des emprisonnements, des déportations et des exécutions.

Voici les noms de quelques-uns d'entre eux qui ont souffert de la sauvagerie nazie.

Entre 1941 et 1942, les élèves de 3e du lycée Masséna constituent un groupe de résistance baptisé *Jojo.* Si le nom ressemble à une plaisanterie de potache, en réalité, il est le diminutif de son créateur, Joseph Arnaldi, né en 1926, et exécuté le 16 septembre 1944.

Comme c'est souvent le cas avec les actions lycéennes, celles menées par les jeunes Niçois sont viriles et efficaces. Pour compléter la présentation, il faut souligner que le plus âgé n'a pas dix-huit ans.

Une opération de parachutage tourne au drame le 7 juin 1944. Parce qu'ils ont été dénoncés, cinq lycéens sont arrêtés par la Milice : Césaire Aubé, Jacques Adam, Gilbert Campan, Francis Gallo et Roger Demonceaux.

Les miliciens les remettent entre les mains des Allemands.

Nous assistons ensuite à un enchaînement tragique souvent constaté durant les années que dura le conflit avec l'occupant allemand et qui conduira pour l'exemple à l'assassinat d'otages.

Le 9 juin 1944, treize soldats allemands sont tués lors d'un engagement avec des résistants. Par mesure de représailles, les Allemands décident de fusiller treize otages. Les communications téléphoniques étant coupées entre Digne et Saint-André-les-Alpes, la Kommandantur de Digne se retourne alors vers sa consœur de Nice, et lui demande tout simplement de lui fournir treize hommes à tuer.

Nice envoie sept hommes, une femme et les cinq lycéens. Les noms de ces prisonniers sont Georges Baldo, quarante-huit ans ; Félix Giodan, vingt-neuf ans ; Roger Magnan, vingt et un ans et son frère Aimé, trente ans ; Léonce Cassini sur laquelle les archives sont muettes. La seule indication qui nous est fournie est son lieu de naissance, à Juliano en Corse. Nous n'avons pas plus d'ailleurs d'informations sur un jeune inconnu qui ne sera jamais identifié et deux autres otages dont on sait seulement qu'ils étaient d'Antibes. Ceux-là tenteront de s'évader pendant le transfert, ils seront abattus devant les autres détenus.

Le convoi arrive à l'aube du 11 juin 1944 à l'entrée de Saint-Julien-du-Verdon (Alpes-Maritimes), et s'immobilise à l'orée d'un champ. Les otages sont priés de quitter le fourgon cellulaire. À la descente, les menottes leur sont enlevées. L'officier allemand commandant le détachement leur crie alors : « *Sauvez-vous, vous êtes libres.* » Les otages, sans réaliser sur le moment qu'il s'agit d'une odieuse manipulation, s'élancent droit devant eux. À peine parcourent-ils quelques mètres que les soldats actionnent leur mitraillette. Quelques rafales suffisent pour les atteindre tous sans exception. Ceux qui bougent encore sont gratifiés d'une balle dans la nuque tirée par l'officier avec son revolver.

Vers 9 heures du matin, le propriétaire du champ découvre l'hécatombe. Il court chercher du secours à Saint-Julien-du-Verdon. L'abbé Isnard se rend sur les lieux. Il s'aperçoit que deux otages, Jacques Adam et Aimé Magnan, agonisent, mais sont encore vivants. Le prêtre alerte deux médecins, les docteurs Escarras de Castellane et Dozoul de Saint-André-les-Alpes. Ils ne peuvent rien faire pour les sauver. L'abbé Isnard les assiste jusqu'à la fin. Jacques Adam, avant de mourir, animé d'un courage exemplaire, raconte au prêtre les circonstances de la tuerie.

Isnard photographie chaque mort ; des femmes du village prévenues procèdent à la toilette funèbre. Les Allemands, avertis de l'action de l'abbé, reviennent sur place et veulent le fusiller et mettre le feu au village. Ils repartiront après avoir fouillé chaque maison et menacé leurs habitants.

Nice honore la mémoire des fusillés du 11 juin 1944 ; un jardin au centre-ville rappelle la date et le lieu du massacre : Jardin de Saint-Julien-du-Verdon le 11 juin 1944.

1942, Saint-Brieuc. Soixante élèves du lycée Le Braz décident de former un groupe ; l'objectif est, bien entendu, la résistance à l'occupant. Distribution de tracts et Croix de Lorraine tracées sur les murs constituent l'essentiel des actions. Les jeunes gens sentent qu'ils doivent aller plus loin. Ils veulent prendre les armes et organiser des opérations de grande envergure. L'idée leur vient d'attaquer la prison de Saint-Brieuc où, chaque jour, des résistants sont soumis à des séances de torture. Un soldat allemand est tué durant l'attaque.

Le groupe se replie loin de Saint-Brieuc, mais trois membres sont arrêtés, Georges Geoffroy, Pierre Le Cornec et Yves Salaün. Ils sont torturés et fusillés au printemps. Quelques heures avant l'exécution, Yves Salaün rédige une lettre. La maturité de l'auteur et sa sérénité devant la mort nous remplissent d'émotion, marquent notre respect, et nous rappellent que le scripteur est un lycéen :

« Nous voici réunis tous les trois, Le Cornec, Geoffroy et moi dans une cellule qui verra les derniers moments de notre vie, car on vient de nous notifier la confirmation de la terrible sentence. Terrible ? Certes, elle le sera plus pour vous que pour moi, car la mort ne fait pas peur à un soldat. N'allez surtout pas croire que je suis égoïste et que je ne pense qu'à moi, car c'est à vous que je pense, à tous les sacrifices que vous vous êtes imposés, vous et Nénène et parrain pour m'élever. Je ne vous ai peut-être pas donné toutes les satisfactions que vous étiez en droit d'attendre de moi, mais j'ai suivi ma voie. J'ai toujours eu l'ambition d'être un soldat, j'en ai l'âme. Ne pouvant faire partie d'une armée régulière, j'ai fait partie de cette armée souterraine et obscure de la Résistance. J'en connaissais les dangers, mais j'en avais aussi compris la sublime grandeur. J'ai joué, j'ai perdu ce que d'autres gagneront, j'ai combattu pour un grand idéal : la Liberté ; je mourrai avec la satisfaction certaine de savoir que d'autres achèveront l'œuvre que j'ai, que nous avons commencée, nous tous qui mourrons pour que la France vive. Il ne faut donc pas vous laisser abattre par cette terrible nouvelle, mais relever le front devant l'adversité. Cinq des Salaün sont déjà tombés pour la France et je n'ai qu'un regret, c'est de ne pouvoir perpétuer cette famille si éprouvée par les guerres. Il est midi et nous avons encore deux heures à passer à la prison, mais je suis étrangement calme, car je m'étais fait à l'idée de ce qui m'arrive et, de plus, je suis sûr de pouvoir chanter, même devant le poteau. Je n'ai pas parlé d'Annick, de Michou, de mes parents et amis, de Jean en particulier, mais combien je pense à eux. Adieu donc, chers parents, dites adieu pour moi à la famille et aux amis, n'oubliez pas Marie ; ma suprême pensée sera pour vous et pour la France, ma patrie. »

Le 17 juin 1940, les Allemands investissent Châteaubriant, une localité de 10 000 habitants située à 60 kilomètres de Nantes dans la vallée de la Chère. Sous l'autorité de l'occupant, quatre camps sont construits dont la vocation est d'accueillir les Français et les étrangers arrêtés à Nantes et dans les environs :

– Le camp « A », au Moulin Roul, où sont détenus les tirailleurs sénégalais.

– Le camp « B », dans les marais de la Courbetière, lieu de rassemblement, destiné aux prisonniers anglais.

– Le camp « S », dans le terrain de sport de la Ville-Bois, réservé aux prisonniers venus de Nantes.

– Le camp « C », celui de Choisel, le plus important, le mieux organisé. En effet, les prisonniers occupent leurs journées à des activités intellectuelles et des détenus dispensent des cours de langues étrangères. D'autres s'adonnent au jardinage par plaisir, mais également avec l'objectif d'améliorer l'ordinaire.

Fin 1940, quarante-cinq mille internés au camp de Châteaubriant sont transférés en Allemagne. Il ne reste plus que celui de Choisel qui compte environ six cents prisonniers ; le chiffre varie en fonction des arrivées, des décès et des transférés.

*

Tout au long de l'année 1941, on voit se développer en France des réseaux de résistance. L'activité d'opposition est le résultat de la fin du pacte germano-soviétique. Hitler rompt les accords de non-agression signés en 1939 entre lui et Staline en envahissant l'Union Soviétique au printemps. L'opération, qui porte le nom de code de *Barbarossa*, libère les communistes français du soutien indéfectible à la politique nazie qui leur avait été demandé par Moscou. Ils se lancent alors tous azimuts dans des actions de terrorisme urbain dans un total désordre. À croire qu'ils veulent rattraper le temps perdu. On brûle un camion allemand stationné au coin d'une rue, un soldat est molesté en sortant d'un restaurant. Rien de vraiment très sérieux. De Gaulle, depuis Londres, les conjure de se calmer et s'irrite de ce désordre, car il craint que celui-ci entraîne une répression démesurée. Ses craintes seront fondées, car se développe une politique d'otages en relation avec les attentats contre les personnalités allemandes.

« La guerre des Français, écrit-il, doit être menée par ceux qui en ont la charge, c'est-à-dire par moi-même et le Comité national. Il faut que tous les combattants, ceux du dedans comme ceux du dehors, observent exactement la consigne que je donne pour le territoire occupé. C'est de ne pas y tuer ouvertement des Allemands. Cela pour une seule et bonne raison, c'est qu'il est, en ce moment, trop facile à l'ennemi de riposter par le massacre de nos combattants momentanément désarmés. Au contraire, dès que nous serons en mesure de passer à l'attaque, vous recevrez les ordres voulus. »

Un communiste, sourd aux conseils de l'homme de la France Libre, commet l'irréparable le 21 août 1941 en tuant à la station de métro Barbès l'aspirant Moser. Une ordonnance allemande décrète que tous les Français mis en état d'arrestation seront considérés comme otages. C'est le point de départ d'une longue série d'exécutions massives dont le chiffre est impressionnant puisque huit cent quatorze prisonniers seront exécutés entre septembre 1941 et octobre 1943.

Le programme d'attentats programmés par des groupes de résistants accentue la politique des otages ; les actions ont lieu à Bordeaux et à Rouen. L'assassinat du lieutenant-colonel Karl Hotz à Nantes par deux résistants communistes déclenche l'ire de l'occupant.

Le général Von Stülpnagel, commandant militaire en France, fait annoncer par voie d'affichage que cinquante otages seront fusillés ainsi que cinquante autres, si les coupables ne sont pas arrêtés avant le 23 octobre 1941 à minuit. Il promet également une récompense de quinze millions de francs pour la dénonciation des auteurs.

Le choix des otages est laissé à la seule initiative du gouvernement de Vichy. Pierre Pucheu, le ministre de l'Intérieur, retient uniquement les noms parmi les prisonniers politiques qui sont clairement affichés comme communistes. Il s'agit d'envoyer à la population un signe clair. D'un côté il y a les bons Français, et de l'autre les mauvais, ceux qui perturbent la relation avec l'occupant. À cet égard, Philippe Pétain, le 22 au soir, lors du discours qu'il prononce à la radio, ne fera aucune allusion aux fusillés, mais dénoncera les attentats avec fermeté et enjoindra les Français à se dresser contre les auteurs en les poussant à la délation. « Par l'armistice, nous avons déposé les armes. Nous n'avons plus le droit de les reprendre pour frapper les Allemands dans le dos… Aidez la justice. Je vous le crie d'une voix brisée : ne laissez plus faire du mal à la France. »

Pendant la préparation du premier groupe de fusillés, le conseiller d'administration militaire Reimers est abattu à Bordeaux. La riposte est immédiate : cinquante autres otages sont prévus, plus cinquante placés en sursis jusqu'à l'arrestation des coupables.

À Châteaubriant, le 22 octobre, vingt-sept prisonniers sont choisis dans le camp de Choisel. Réunis dans une baraque, ils peuvent écrire une lettre à leur famille. Ils sont conduits au début de l'après-midi à la carrière dite la Sablière, à la sortie de la ville, où se déroulent les exécutions. Les détenus refusent qu'on leur bande les yeux et qu'on leur lie les mains. Ils marchent vers le supplice en chantant *La Marseillaise*.

Au même moment, seize otages sont également exécutés à Nantes, au champ de tir du Bèle ; cinq autres au Mont Valérien.

Le 24 octobre, cinquante autres otages sont fusillés à Souges, près de Bordeaux, suite à l'attentat du 21 octobre contre le conseiller militaire Reimers.

L'autorité allemande pense faire des fusillés de Châteaubriant un exemple mais obtient l'effet inverse. Les sentiments de colère et d'indignation des Français resserrent les liens entre la population et l'on assiste à une prise de conscience des citoyens les plus tièdes face à la résistance devant l'ennemi.

Parmi le groupe des vingt-sept fusillés du 22 octobre se trouve un adolescent de dix-sept ans, Guy Môquet, dont la mort devient le symbole de la Résistance : des maquis prennent son nom. Il refuse que ses camarades intercèdent en sa faveur en raison de son âge. Sur le chemin du supplice, il rejette le bandeau, refuse qu'on lui lie les mains. Il meurt comme ses camarades, l'hymne national sur les lèvres.

Guy Môquet est né le 26 avril 1924 dans le 18e arrondissement. Il est le fils aîné de Prosper Môquet, cheminot, syndicaliste puis député communiste sous le Front populaire, déporté au mois de mars 1941 au bagne de Maison-Carrée en Algérie. Libéré au mois de février 1943, il devient après la guerre député de l'Yonne jusqu'en 1951. Il meurt à Bréhal (Manche) le 31 juillet 1986.

Après l'arrestation de son père, Guy Môquet quitte le lycée Carnot et se réfugie un moment à Bréhal avec sa mère et son jeune frère chez ses grands-parents paternels. De retour à Paris, il milite activement au sein des Jeunesses du parti communiste ; il est arrêté par la police le 13 octobre 1940 pour distribution de tracts à la gare de l'Est. Il est emprisonné à Fresnes, puis acquitté, placé en résidence surveillée. Il est arrêté une nouvelle fois à cause des décrets nouvellement promulgués contre les communistes. Il est transféré au camp de Choisel, le 16 mai 1941.

Charles de Gaulle prononcera deux discours marquants à la radio de Londres sur l'exécution des otages. Voici leur transcription[1] :

« 25 octobre 1941.

Cinquante otages ont été exécutés à Nantes et autant à Bordeaux.

« En fusillant nos martyrs, l'ennemi a cru qu'il allait faire peur à la France ! La France va lui montrer qu'elle n'a pas peur de lui.

Elle va lui en administrer la preuve par la manifestation actuellement la plus impressionnante possible, un gigantesque "Garde à vous !" national dans une totale immobilité.

Vendredi prochain, 31 octobre, de 4 heures à 4 h 05 du soir, tous les Français, toutes les Françaises, demeureront immobiles, chacun là où il se trouvera. Dans les champs, dans les usines, dans les bureaux, dans les écoles, dans les magasins, tout travail sera interrompu. Dans les rues, personne ne bougera.

Cette immense grève nationale fera voir à l'ennemi et aux traîtres qui le servent quelle gigantesque menace les enveloppe. La Nation française, figée tout à coup et tout entière dans la haine et dans le mépris, frappera d'angoisse l'ennemi et les traîtres qui le servent, en attendant qu'elle les écrase.

Mais aussi, tout notre peuple manifestera par cet unanime "Garde à vous !" la magnifique fraternité, bâtie sur nos malheurs, cimentée par notre sang, resplendissante de nos espérances.

Le monde entier pense, regarde vers la France, s'interroge sur la France. Eh bien ! La France va faire voir au monde que les crimes commis sur la personne de ses enfants

1. Archives, Institut Charles de Gaulle.

par un ennemi affolé et qui sent venir la déroute ne l'intimident pas du tout !

La France va faire voir au monde qu'elle n'appartient à personne, sauf à elle-même. La France va faire voir au monde qu'elle est une nation fière, résolue, qu'elle est la France !

Vendredi prochain, 31 octobre, de 4 heures à 4 h 05, pour toute la France, "Garde à vous !" »

30 octobre 1941, discours prononcé à la radio de Londres :

« L'ennemi a cru qu'il avait abattu la France. Or, le 31 octobre, à 4 heures du soir, toute la France sera debout.

Il n'y a pas un homme, il n'y a pas une femme, il n'y a pas un enfant, ni chez nous, ni chez nos amis, ni chez nos ennemis, qui ne comprenne l'immense importance de ce formidable "Garde à vous !".

Car la guerre est une affaire de moral. C'est uniquement l'espoir de vaincre qui soutient l'effort des peuples.

En se dressant tout à l'heure, la tête haute, face à l'ennemi, la France va se voir telle qu'elle est, inébranlable dans sa fraternité. La France tout entière, rassemblée dans les cinq minutes décisives, va montrer que, malgré les outrages, les tortures, les trahisons, en dépit des larmes versées sur ses armées défaites, sa jeunesse prisonnière, ses petits enfants qui meurent, elle s'apprête pour la vengeance sous les drapeaux déchirés.

En entendant son appel, les peuples libres reconnaîtront la voix qui, depuis tant de siècles, les émeut et les entraîne ; les peuples libres reconnaîtront la voix éternelle de la France.

En assistant à cette démonstration de la haine et de la volonté françaises, l'ennemi devra constater que, s'il peut faire un triste envahisseur, il est, par nature, incapable d'être vraiment un conquérant. En ce moment précis, il doute de ne vaincre jamais des adversaires toujours plus forts.

La grève nationale française lui montrera, juste à propos, que la soumission de l'Europe est un but irréalisable et qu'il verse son sang pour rien.

Le 31 octobre, à 4 heures, la France rentre en ligne avec toute son âme en attendant qu'elle marche avec toutes ses forces vers la victoire et vers la grandeur.

La France avec nous ! »

XXI

REJOINDRE LONDRES

Rejoindre Londres est le *credo* de la jeunesse française qui veut combattre, car elle comprend que pour chasser l'ennemi qui occupe son pays, elle doit se trouver là où la riposte s'organise, où se prépare la Résistance. De Gaulle ! Surprenante fascination pour cet homme sur lequel les jeunes savent si peu de chose et dont, des mois avant la manifestation du 11 novembre, ils ignoraient même le nom. À présent, les plus décidés d'entre eux, et il y en eut, sont prêts à endurer les pires épreuves pour se retrouver auprès de lui à Londres, comme l'a montré le témoignage de Pierre-André Dufetel [chapitre XII].

Rien ne peut arrêter la détermination de ceux qui ont le regard fixé vers la Grande-Bretagne et, pour s'y rendre, tous les moyens leur sont bons, fussent-ils les plus dangereux. Le voyage vers l'Angleterre devient alors une épopée à l'exemple de ces cinq amis qui, à bord d'un canoë, entreprennent la traversée de la Manche.

Deux frères, Jean et Pierre Lavoix, veulent se rendre à Londres. La motivation est identique à celle de tous les autres. « Nous voulions, dès que ce serait possible, rejoindre les Forces françaises libres, déclarent les frères d'une même voix, nous ne voulions pas accepter d'être des vaincus. Très rapidement pour nous, passionnés de canoë et de la mer, l'idée s'est mise à germer de partir tout droit et d'utiliser le chemin le plus court pour gagner l'Angleterre : la traversée de la Manche.

À notre tour de garder au combat la place de notre père en 1914, de notre grand-père en 1870, le droit d'être français. Et en fiers enfants de *Gayant* ("Gayant" est un géant qui symbolise la ville de Douai, Nord de la France ; ce personnage est inscrit au patrimoine oral et immatériel de l'humanité, au titre de "Géants et dragons processionnels de Belgique et de France"), notre géant national de Douai, nous commençons notre entraînement ; cherchant toutes les possibilités, calculant tous les détails, nous endurcissant dans notre volonté de départ, écartant toutes les objections de notre famille, attendant avec impatience le moment propice. »

À la mi-septembre, comme ils l'expliquent dans le témoignage cité plus haut, les frères Lavoix se sentent prêts à entreprendre l'audacieux voyage. Ils ne seront pas seuls ; deux amis vivant à Fort-Mahon veulent participer à l'aventure. Pendant des semaines, ils se sont entraînés. Débarque un jeune venu de Saint-Denis, banlieue proche de Paris ; il est animé de la même intention. La rencontre avec les frères est inévitable.

« Christian et Guy Richard, Parisiens du Vésinet ; Lefebvre de Saint-Denis, Pierre et Jean Lavoix de Douai. "L'amiral" mon frère aîné [Jean] avait alors dix-neuf ans, le plus jeune de l'équipe quinze ans et demi et, pour ma part, j'avais dix-sept ans. »

Le matériel consiste en deux canoës canadiens en bois. Ils se munissent de quinze boîtes de biscuits de soldat, cent morceaux de sucre, dix kilos de pain, un fusil et quarante-cinq cartouches, dans le cas où ils seraient obligés de se défendre.

Le jour du départ est fixé au 16 septembre 1941.

En tapinois, l'œil rivé sur les postes allemands, les deux équipes, l'émotion au bord des lèvres, prennent possession des embarcations. Il est 21 heures.

« Enfin en route ! La mer est phosphorescente et les coups de pagaie déclenchent des gerbes d'étincelles. »

Ça pagaie dur dans les canoës ; il s'agit de prendre le large au plus vite, de disparaître au regard de l'ennemi. Rien n'est jamais simple en navigation, la mer a toujours le dernier mot. Le vent d'est se lève soudainement, creusant des tranchées, et la vague, en retombant, noie les canoës. Il faut vidanger au plus vite à l'aide d'une casserole en guise d'écope.

Malgré ce premier avatar, le voyage se poursuit.

La voile est hissée sur les deux embarcations ; elles se suivent, distantes l'une de l'autre de quelques mètres, essayant surtout de ne pas se perdre de vue, comme des bouchons ballottés par la mer mais « des bouchons qui savent ce qu'ils veulent et surtout où ils veulent aller ».

Le ronronnement d'un moteur répercute son chant contre le ciel qui le renvoie avec fracas sur les vagues. Aussitôt les fuyards baissent la voile. « Nous n'avions pas prévu les vedettes. Par chance, nous sommes dans le creux de la vague, la vedette allemande passe au-dessus de notre position. Elle s'éloigne. Ouf ! Le faisceau des projecteurs diminue, s'estompe et disparaît. Les voiles sont remontées à toute vitesse. »

Les jeunes gens ont décidé de naviguer à l'étoile. Mais bientôt les bombardements qui illuminent le port de Boulogne-sur-Mer leur font comprendre qu'ils ont dérivé.

« Immédiatement nous sortons la boussole et vérifions la direction à la torche : nous avons fait une erreur. Pas possible ! Cependant, tout à l'heure, l'étoile donnait bien le cap. Oui, mais à condition que l'étoile polaire reste immobile, mais le chariot de la Petite Ourse tourne, c'est ce qui nous a mis dedans ! »

Vérification du cap… et les canoës repartent en principe dans la bonne direction. La mer se calme, les vagues diminuent d'intensité, c'est le calme plat… moment dangereux où l'on croit le danger écarté ; la fatigue en profite pour engourdir les muscles et les sens. Les marins piquent du nez, choient dans un sommeil plus proche de la léthargie que de l'endormissement.

L'aube se lève, projetant sur l'inépuisable étendue sa lumière laiteuse. Les jeunes marins s'ébrouent, reprennent pied dans la vie ; les premiers rayons du soleil les rappellent à l'ordre. « Nous nous restaurons. Puis, à la voile et à la pagaie, nous continuons notre route. »

Des cumulus barrent l'horizon, annonciateurs d'une terre proche. Regain de courage et de confiance dans les embarcations ! Mais la mer, encore et toujours, décide seule de la marche des événements. Si la terre est encore éloignée, elle est néanmoins visible. Cependant, le vent n'est pas du côté des jeunes Français, il les entraîne plus au large. La voile perd de son utilité ; seules les pagaies peuvent encore sauver la situation. Il est 16 heures de l'après-midi et le départ a eu lieu – rappelons-le – la veille à 21 heures. Ce qui laisse imaginer le degré de fatigue des uns et des autres.

« Pendant deux heures nous luttons. Jetons les vivres, le fusil et les cartouches, une des voiles par-dessus bord. Cependant nous n'avançons pas. »

Ils essaient de se glisser dans une baie où la mer semble plus calme et les vagues moins violentes. Il est 18 heures.

Dans le ciel vrombit le moteur d'un avion. Les jeunes marins aperçoivent un *Spitfire*. Ce n'est pas un ennemi, mais un avion anglais. Ils lui adressent des signes, hurlent à gorge déployée. Le pilote les a vus, ils en sont certains, l'Anglais va les secourir. L'espoir reconquis distribue de l'énergie. Une vedette fait son apparition, qui fonce droit sur les canoës, vire d'un coup et s'éloigne. Ils continuent de pagayer, ils n'ont pas d'autre solution. Surgit un canot automobile. « Il vient vers nous, nous faisons des signaux. Nous voit-il ? Non ! Lui aussi tourne et disparaît. C'est fini. »

Fatigue… découragement… espoir envolé… épuisement… Les jeunes Français, dans la nuit tombée, amarrent les deux canoës côte à côte et s'endorment, bercés par le clapotis des vagues qui viennent mourir contre les embarcations.

S'élève une rumeur ou un bruit, quelque chose qui vient percer le sommeil des jeunes gens. Ils se réveillent et découvrent, ébahis et heureux, la terre. Une falaise surplombe leurs canoës. « En effet, une magnifique falaise blanchâtre se découpe sur le ciel plus noir. » L'ardeur est au rendez-vous, l'espoir gonfle la poitrine ; on pagaie avec entrain et l'on rit pour un rien. Qu'est devenu l'autre canoë ? Moins maniable, il a dérivé. Le premier part à sa recherche, le récupère et le remorque. « La côte est là, tout près. Doucement nous évoluons entre les rochers. Nous y voilà. Terre ! Totalement épuisés nous descendons et chacun tombe sur la grève et s'endort, là où il se trouve, foudroyé par la fatigue. »

Le lendemain matin, après quelques heures de marche sur la falaise, la rencontre avec les habitants du premier village est chaleureuse. Les jeunes Français sont nourris, ils peuvent prendre une douche, se raser. Les policiers les conduisent à l'Intelligence Service pour y être interrogés. C'est une procédure à laquelle ils se soumettent volontiers.

« Nous signalons les emplacements de tous les ouvrages de la défense allemande que nous avons répertoriés. Nous constatons avec plaisir que nos informations de gosses sont prises au sérieux. »

Deux jours après, les cinq navigateurs débarquent à Londres. Ils piaffent d'impatience en attendant la rencontre qui est prévue avec Charles de Gaulle. « Il nous reçoit dans son bureau de Carlton Gardens, nous parle de la France, des Français libres. Il nous interroge sur notre voyage. Nous sommes bien payés de nos peines. »

Le lendemain, ils sont conduits au 10, Downing Street. Le Premier ministre Winston Churchill les accueille en personne : « Voilà le visage de la vraie France », dira-t-il.

Les cinq jeunes Français s'engagent dans les Cadets de la France Libre. « Cadets de la France Libre, qu'êtes-vous devenus ? Sur tous les champs de bataille, vous vous êtes battus, comme mon très cher camarade, le sous-lieutenant Lefebvre de Saint-Denis, qui mourut le 17 janvier 1945, à l'âge de vingt ans, dans les plaines d'Alsace, près d'Obernai, refusant d'exposer ses hommes qui voulaient le relever alors qu'il avait été grièvement blessé au cours d'un bombardement. »

XXII

LES CADETS DE LA FRANCE LIBRE

Charles de Gaulle voit arriver à Londres des centaines de jeunes Français ; ce sont encore des adolescents âgés de quatorze à dix-huit ans. Ils sont venus le rejoindre par n'importe quel moyen ; ils ont subi la prison, la torture parfois, les privations et connu la peur. Ils piaffent d'impatience de participer au combat. Que peut en faire l'homme de la France Libre ? Impossible de les incorporer dans les unités combattantes, ils n'ont pas l'âge requis. De plus, il faut pourtant les prendre en charge complètement, ils n'ont rien, ils sont venus riches seulement de leur courage. La France Libre est pauvre, les moyens manquent cruellement.

Dans un premier temps, les Français sont cantonnés sous une tente à Brymbach, petite localité située au Pays de Galles. Ils se sentent coupés de Londres, déçus de ne pas être occupés à des activités guerrières. Les étudiants qui ont volontairement abandonné leurs études sont regroupés dans un petit manoir à Rake Manor dans le Surrey. Le projet est de leur permettre de reprendre les cours et la promesse de suivre une instruction militaire. Ils ne sont plus des étudiants ou des élèves ; le goût pour les études s'est évaporé dans l'ardent désir d'être utiles à la France.

C'est alors que Charles de Gaulle, mis au courant de la situation, répond à l'impatience d'une jeunesse qui lui voue une admiration au-delà de ce qui est permis d'imaginer en proposant la création d'une école militaire ; elle prend le nom de l'École des cadets de la France Libre. Il s'agit de maintenir la tradition de l'École spéciale militaire de Saint-Cyr dont le général fut un des élèves. Les cours seront assurés par des officiers issus de Saint-Cyr afin qu'ils transmettent l'esprit et la tradition de la glorieuse aînée[1].

Le détail peut apparaître de nos jours superflu, mais il ne l'était pas à l'époque pour les jeunes Français : la création de l'uniforme de l'École des cadets. Les tenues des bataillons alpins de Narvik (Norvège), abandonnées après leur dissolution, servent de base à l'uniforme agrémenté d'une fourragère blanche qui est un rappel amical de l'insigne porté par les élèves officiers de l'armée britannique.

Le 4 février 1941, sur ordre de Charles de Gaulle, l'école est officiellement installée dans les bâtiments de la *Public school* à Malvern, au sud de Worcester, puis ensuite au manoir de Ribbesford.

L'enthousiasme est au rendez-vous, que ce soient les épreuves physiques – chaque matin le footing commence immuablement à 6 h 45 – ou l'enseignement général et, bien entendu, les cours d'instruction militaire. Les cadets ne manquent rien, suivent tout ce qui leur est dispensé avec une ferveur qui ne faiblit pas de semaine en semaine. Voici un extrait du très beau roman écrit par Erwan Bergot sur les cadets : « Les officiers venus de Londres sont stupéfaits de rencontrer des élèves attentifs, appliqués, brûlant d'une foi intense et paralysés de trac… » Dans le même chapitre,

1. Archives, Institut Charles de Gaulle.

l'auteur raconte l'angoisse des futurs officiers dans l'attente des résultats des examens :

« Trois jours de folie. Les cadets ne mangent plus, ne dorment plus. Ils se croisent dans les couloirs, sans même avoir le goût de se lancer les plaisanteries traditionnelles. Chacun suppute les résultats, calcule ses chances de réussite. Mais toute addition est faussée à la base : la note qui possède le coefficient le plus fort est donnée en secret, après délibération du chef de section et du directeur de l'instruction, le capitaine La Joncière. C'est la cote d'amour. Et bien malin qui peut prétendre savoir ce que son chef pense de lui, hormis les cosaques, c'est-à-dire, dans le jargon de l'école, ceux qui n'ont aucune chance, soit par leur inaptitude fondamentale, soit parce qu'ils n'ont rien préparé, rien appris et qu'ils se désintéressent de tout, résignés d'avance à se contenter d'une sardine de sergent ou des deux ficelles de caporal.

Le dernier soir, tandis que le jury délibère, les cadets veillent. Guettant les bruits de couloir, interprétant un mot, un sourire, un regard... »

Ils ignorent que les délibérations sont orageuses.

« Certes, disent quelques examinateurs, vos élèves ont bien retenu vos cours. Ils ont potassé leurs livres et, même sur le terrain, ils ne se débrouillent pas trop mal. Mais est-ce bien sérieux de leur accorder un galon d'aspirant ? Les voyez-vous commander à des garçons de trois, de cinq ans plus âgés qu'eux et qui ont déjà trois ou quatre années de baroud ? »

À l'appui de leur démonstration, ils évoquent les joues roses, les regards enfantins, les voix incertaines, les âges surtout.

« Nous n'allons tout de même pas cautionner la remise d'un brevet de chef de section à des gamins dont les plus âgés ont dix-neuf ans, les plus jeunes à peine dix-sept ? »

Les effectifs se répartissent en trois sections : une section préparatoire pour les moins avancés, une première section pour les élèves dont le degré d'instruction correspond à celui de la première de lycée, une section qui deviendra une compagnie d'élèves aspirants, bacheliers, et dont la date de naissance réelle permet une incorporation dans une unité combattante. Impatients d'aller au feu, ils sont nombreux à falsifier leur date de naissance.

Cinq promotions quittent l'école, une tous les six mois :
Promotion Libération : juin 1942, 15 élèves ;
Promotion Bir-Hakeim : décembre 1942, 15 élèves ;
Promotion Fezzan-Tunisie : juin 1943, 27 élèves ;
Promotion Corse et Savoie : décembre 1943, 33 élèves ;
Promotion 18 juin : juin 1944, 123 élèves.

Au mois de mai 1942, les cadets sont contraints de quitter le bâtiment de la *Public school* réquisitionnée par l'armée britannique qui en a besoin ; ils s'installent dans le manoir de Ribbesford qui semble mieux adapté à la croissance des effectifs.

Le règlement est plus précis. L'âge requis pour les nouveaux arrivants est de dix-huit ans. Le cycle préparatoire est supprimé, les élèves sont désormais répartis en deux compagnies. La période de l'instruction ne change pas et reste de six mois. Les premiers six mois sont consacrés à l'instruction militaire et sont sanctionnés par le grade de sergent ; la seconde période est employée à la formation technique et professionnelle des futurs officiers.

Chaque promotion fait l'objet d'une prise d'armes en présence de Charles de Gaulle, s'il se trouve en Angleterre, ou s'il est absent, par un de ses représentants qui peuvent être soit le général Leclerc soit Koenig.

Les cadets sont présents sur tous les fronts. En France, dans la Résistance nationale, en Italie, au sein de la 1re Division française libre, tous participent à la libération de la France et aux opérations qui se déroulent en Belgique, Luxembourg, Pays-Bas et en Allemagne. Ils sont incorporés dans toutes les unités de l'armée française : la 1re Division française libre, la 2e DB, chez les parachutistes, les fusiliers marins, les commandos de marine, le Bureau central de renseignements et d'action pour l'encadrement des maquis. Ceux qui choisissent la carrière militaire après la guerre se retrouvent en Indochine, en Corée, en Algérie, au Katanga et au Togo. Les cadets se montrent partout dignes héritiers de la plus pure tradition de l'armée française. Sept d'entre eux sont faits Compagnons de la Libération.

Quatre cents officiers sont formés dans l'école de 1940 à 1944. Les pertes lors des combats sont considérables et ce sont les aspirants, sous-lieutenants et lieutenants qui subissent les plus élevées. Un sur quatre trouve la mort au combat.

L'École des cadets de la France Libre aura formé deux cent treize aspirants et accueilli trois cent cinquante élèves. Cinquante-six sont morts pour la France, soit plus d'un quart de l'effectif[1].

« Les Cadets ! Parmi les Français Libres, dira Charles de Gaulle à leur propos, ces jeunes furent les plus généreux, autrement dit les meilleurs. Dans son chagrin, aux pires jours de son histoire, ils ont consolé la France. »

Le jour du débarquement, le 6 juin 1944, l'École des cadets de la France Libre est dissoute.

---

1. Erwan Bergot, *Les cadets de la France Libre*, Éditions Presses Pocket, 1980.

XXIII

PORTRAITS DE CADETS

(Source : Ordre de la Libération)

Léon Bouvier est né le 28 septembre 1923 à Vienne, en Autriche, de parents polonais.

Léon demande à ses parents de l'envoyer étudier en France. C'est ainsi qu'il devient pensionnaire au lycée Michelet à Vanves. Le décès de sa mère en 1939 l'oblige à rejoindre Varsovie. C'est depuis la capitale polonaise qu'il assiste à l'invasion de l'armée allemande.

Commence pour le jeune homme une longue errance. Il trouve refuge à Lvov, territoire annexé par l'armée soviétique. Mais ne parlant pas le russe, il survit en vendant des journaux dans la rue. Le consulat de France à Moscou lui procure des papiers qui lui permettent de quitter la zone soviétique.

C'est en Roumanie qu'il apprend l'invasion de la France et la signature de l'armistice. Il décide alors de ne pas revenir à Paris comme les autorités consulaires françaises de Bucarest le lui proposent, mais de rejoindre par ses propres moyens les unités combattantes de la France Libre en formation au Proche-Orient.

Il a seize ans et, pour qu'il puisse être engagé dans le 1er Bataillon d'infanterie de marine, il trafique son passeport et se vieillit de deux ans.

Il est envoyé en Libye en qualité de chauffeur et participe à l'attaque britannique sous le commandement du général anglais Wavell. Puis il se rend en Égypte où il est placé sous les ordres du commandant Pierre de Chevigné (né le 16 juin 1909 à Toulon et mort le 4 août 2004 à Biarritz (Pyrénées-Atlantiques), militaire et homme politique, ministre sous la IVe République et Compagnon de la Libération. Celui-ci, devinant l'âge de Bouvier, refuse de l'incorporer dans une unité combattante qui part en Érythrée et l'envoie au Caire pour qu'il y passe son baccalauréat.

Son bachot en poche, Bouvier rejoint sans plus attendre les Forces françaises au printemps 1941 et prend part à la campagne de Syrie. Ensuite c'est la Libye, à nouveau avec le général Koenig. Il est toujours soldat de 2e classe. Il est engagé dans les convois de ravitaillement nocturne de munitions des Forces françaises assiégées à Bir-Hakeim.

Le 8 juin 1942, un bombardement incendie son camion. Léon Bouvier se précipite pour éteindre le feu ; grièvement blessé, il est amputé d'un bras. C'est à Beyrouth qu'il effectue sa convalescence, et c'est à l'hôpital qu'il est fait Compagnon de la Libération par le général de Gaulle en personne.

Il embarque à Damas pour l'Angleterre, la veille de Noël 1942. À Londres, il est affecté avec le grade de caporal au Commissariat national de la Guerre ; nommé adjudant le 1er mai 1943, il entre à la même date à l'École des cadets de la France Libre d'où il sort aspirant dans la promotion Corse et Savoie au mois de décembre 1943.

Après une carrière éblouissante dans la diplomatie, Léon Bouvier meurt à Paris le 23 juillet 2005.

*

Jean-Claude Camors est né le 27 octobre 1919 dans une vieille famille béarnaise. Il s'engage au mois de novembre 1939 au 18e Régiment d'infanterie et suit les cours d'élève aspirant.

Il est blessé pendant la campagne de France et c'est à l'hôpital où il se trouve qu'il est arrêté par les Allemands. Interné au camp de Châteaubriant, il s'en évade et, traversant la ligne de démarcation, il rejoint Pau à la fin du mois de juillet.

Durant des semaines, il tente par tous les moyens de rallier Londres. Il se rend à Marseille, se fait engager en qualité de marin pêcheur. Le 8 avril 1942, alors qu'il participe à une pêche près des côtes marocaines, sans prévenir son employeur de ses intentions, il se jette à l'eau et nage deux heures durant jusqu'à Gibraltar. Il trouve des contacts qui l'aident à gagner l'Angleterre.

À Londres, il signe son engagement dans les Forces françaises libres le 26 juin 1942, et entre à l'École des cadets au mois de juillet de la même année. Il exprime directement au général de Gaulle son souhait d'aller au plus vite au combat. L'homme de la France Libre le lui refuse, estimant que son physique est trop facilement reconnaissable – il mesure 1 mètre 93. Harcelant constamment de Gaulle, il est finalement admis au Bureau central de renseignements et d'action : les services secrets de la France Libre.

Il est parachuté au mois d'avril 1943 près de Loches (Indre-et-Loire) et s'évertue à développer le réseau *Bordeau-Loupiac* qui est par ailleurs l'un de ses nombreux pseudonymes.

Des arrestations ont lieu parmi les membres de son réseau, ce qui l'oblige à se réfugier en Espagne avec deux aviateurs anglais. Les trois hommes sont arrêtés, mais lui parvient à s'échapper de la prison, et rejoint Londres le 21 juin 1943. De là, il va en France, parcourt le territoire afin de nommer des responsables auxquels il donne comme consigne de cacher des aviateurs britanniques. Il complète le réseau d'évasions en mettant en place des relais dans le Nord de la France. À Issy-les-Moulineaux, près de Paris, il cache lui-même cinquante aviateurs anglais dans un appartement, se chargeant de les nourrir, de les convoyer et de leur trouver de l'aide.

Le 11 octobre 1943, Jean-Claude Camors se trouve avec des amis au *Café de l'époque* à Rennes, lorsque soudain un agent de la Gestapo, qui est en réalité un ancien membre d'un des réseaux qu'il anime, le reconnaît. Blessé grièvement pendant l'échange de feu, il parvient à s'échapper du café. Il se débarrasse de ses papiers d'identité et des documents compromettants. Les Allemands lancés à sa poursuite dans la ville lui mettent la main dessus. Il est conduit à l'hôpital de Rennes à cause de sa blessure à la jambe ; son corps ne sera jamais retrouvé.

Grâce au courage de ce cadet et avec l'aide du réseau *Bordeau-Loupiac* qu'il a créé, une soixantaine d'aviateurs anglais rallieront l'Angleterre et participeront au combat final contre l'Allemagne nazie.

*

Enzo Bonopera est né le 29 octobre 1926 à Fabriano, en Italie. Son père, militant antifasciste, quitte son pays et se réfugie en France en Haute-Savoie avec sa femme et ses nombreux enfants.

En 1938, Enzo est embauché comme caddy dans le club de golf d'Évian. C'est là qu'il fait la connaissance d'un riche couple anglo-hollandais, sans enfants. « Il m'adopte, dit Enzo Bonopera, avec l'accord de mes parents. Le mari devient mon parrain et la femme, ma marraine. » Il est emmené à La Haye.

Au mois de novembre 1939, l'homme est enlevé par les SS ; par mesure de sécurité, la femme se réfugie en Angleterre et emmène Enzo avec elle.

Le 16 août 1942, Enzo veut s'engager à la France Libre. Étant donné son jeune âge – il a seize ans –, on l'envoie à l'École des cadets. Il fera partie de la dernière promotion (18 juin) ; nommé sergent, il est affecté à la 2e DB (Division blindée) commandée par le général Leclerc.

« Dans la 2e DB, j'ai été nommé chef du groupe motocycliste de l'État-major du colonel Dio. Dans le groupe motocycliste, il y avait des soldats qui avaient fait toutes les campagnes de la colonne Leclerc ; partis du Tchad, ils avaient pris Koufra, Mourzouk et étaient arrivés en Tunisie. »

La 2e DB débarque en Normandie le 1er août 1944 à Utah Beach.

« J'ai participé à toutes les campagnes de libération, aux batailles de Carrouges, Falaise, Alençon. Nous arrivâmes à Strasbourg le 24 novembre 1944. »

Enzo Bonopera est démobilisé au mois de novembre 1945.

« Ce qui m'a le plus marqué au cours de cette période, c'est la camaraderie qui est toujours présente encore de nos jours et qui unissait ces hommes venus d'horizons et de situations bien différents, leur volonté de se battre pour libérer la France du joug allemand, leur fierté d'avoir suivi un général alors inconnu dans un moment où peu de Français l'ont fait. Je voudrais dire aux jeunes d'aujourd'hui qu'il ne faut pas douter de la France, et qu'il faut tout faire pour qu'au sein de l'Europe, elle reste la France. »

*

Si François d'Humières[1] n'a pas été un cadet de la France Libre, son action pendant les années troubles de l'Occupation fait de lui une figure capitale de la jeunesse résistante. Intelligent, beau, élégant, distingué, né dans une vieille famille de la noblesse, il voit le jour à Berlin le 11 avril 1922, où son père, capitaine de réserve et ancien pilote de chasse, est membre de la Commission des réparations.

Il poursuit des études secondaires à Paris et à Neuilly-sur-Seine, entre ensuite à l'École libre des Sciences politiques en 1942, où il organise des groupes de résistance.

Il rejoint Charles Verny, étudiant en droit, pour créer avec ce dernier en 1943 le mouvement de lutte contre l'occupant, comptant parmi les plus importants : OCMJ *(Organisation civile et militaire des jeunes).*

À propos de la création de l'OCMJ, voici l'extrait consacré par André Gueslin dans son étude intitulée *Les facs sous Vichy*, Université de Clermont-Ferrand II, Institut d'Études du Massif central :

« Dès juillet 1943, apparaît une deuxième organisation résistante, non communiste. Blocq-Mascart [apparenté communiste] et le colonel Tony de l'Organisation civile et militaire [situé à droite] créée en 1940, ont fait appel à l'étudiant en droit Charles Verny pour créer l'Organisation civile et militaire des jeunes. L'OCMJ commença à recruter ses membres parmi les jeunes des Auberges de jeunesse, de la Jeunesse étudiante chrétienne, de défense de la France [l'Organisation de défense de la France, située essentiellement dans le Nord de la France, se distingue par une activité centrée sur la distribution d'un journal clandestin créé au mois de juillet 1941 par un groupe d'étudiants parisiens. Le tirage atteint le chiffre impressionnant de 450 000 exemplaires au mois de janvier 1944, le plaçant en tête de la liste

1. Sources : Archives de l'Ordre des Compagnons de la Libération.

de la presse clandestine. Le journal continuera sous la direction de Pierre Lazareff avec un nouveau titre : *France-Soir*] et même quelques étudiants socialistes de l'avant-guerre. Ils étaient souvent originaires des classes moyennes et des milieux bourgeois, et issus de réseaux de résistants apparus antérieurement. »

François d'Humières s'engage avec une énergie incroyable dans le développement des groupes de l'OCMJ. En complément de ce travail, il est à l'origine de la préparation militaire clandestine. Les jeunes résistants y apprennent le sabotage des voies ferrées, à poser des bombes, s'initient au tir de revolver afin de constituer un corps franc le moment venu.

Au mois de mars 1943, Thierry d'Argenlieu, chef national des étudiants de l'OCMJ, est arrêté. François d'Humières le remplace et devient responsable « National Étudiant OCMJ ». Sous sa direction, s'organisent la lutte des étudiants contre le Service du travail obligatoire (STO) et le passage des réfractaires au maquis ou en Espagne. Il dirige les opérations destinées à détruire les fiches de recensement des facultés de droit et de médecine.

François d'Humières adopte « Frédéric » comme prête-nom. Au mois de décembre 1943, il participe à la création du journal *L'Essor* dont il assure en plus la diffusion à Paris, puis dans les villes universitaires.

Au mois d'août 1944, le responsable militaire de l'OCMJ de la région P *(Paris)* est arrêté par la Gestapo ; il revient à François d'Humières – désormais Frédéric – de mener les actions de sabotage. Le 19 août 1944, à la tête d'un petit groupe de jeunes résistants, il combat l'occupant au Quartier latin. Il attaque seul une voiture militaire allemande fortement armée, et parvient à tuer deux des occupants.

À la Libération, il est nommé Secrétaire national adjoint de l'OCMJ et s'emploie à faciliter le passage de ses camarades de la clandestinité à la normalité.

Le Gouvernement provisoire l'envoie en Angleterre à la tête d'une délégation, laquelle doit être présentée au roi George VI et au Premier ministre Winston Churchill.

Il est sur le point d'entrer en qualité de parlementaire à l'Assemblée nationale constituante [l'Assemblée constituante est une spécialité européenne puisque de nombreux pays en Europe ont adopté le système parlementaire à un moment de leur histoire. D'autres pays dans le monde y ont eu également recours. Il s'agit de la création d'une institution collégiale établie après une guerre ou une révolution dont la tâche principale est la révision ou l'adoption du texte de la Constitution qui est, comme chacun le sait, le socle sur lequel repose l'organisation des pouvoirs publics d'un État. C'est ainsi que, le 21 octobre 1945, après un vote à l'unanimité, l'Assemblée nationale constituante s'est déclarée favorable à la rédaction du texte de la constitution de la IVe République], lorsqu'il apprend que son frère Élie vient d'être blessé en Afrique du Nord. Estimant que les combats contre l'ennemi ne sont pas terminés, il renonce à sa participation à l'Assemblée constituante et s'engage en qualité de sous-lieutenant au 3e Bataillon de Choc, lequel ferraille pour la libération de l'Alsace.

Le 31 janvier 1945, à l'aube, le lieutenant dirigeant l'unité est blessé et ne peut donc plus la commander ; il revient à François d'Humières – sous-lieutenant – de le remplacer. Il est cinq heures du matin lorsque, à la tête de l'unité, il monte à l'attaque du village de Durrenentzen encerclé par les Allemands. Le premier échange de feu avec l'ennemi lui est fatal ; il est fauché par une rafale de mitrailleuse : il meurt sur le coup.

François d'Humières est chevalier de la Légion d'honneur, Compagnon de la Libération et Croix de guerre 39/45.

*

Marie Krebs[1] a dix-sept ans en 1940. Elle est la fille du maire de Concarneau qui est un homme respecté par tous pour sa probité. Marie n'apprendra qu'après la guerre que son père était le chef de la Résistance de la région, sous le pseudonyme de « Monsieur Charles », membre du réseau créé par le colonel Rémy. Il joua un rôle important dans la collecte des informations sur les mouvements de camouflage des bateaux ennemis.

C'est à Paris que Marie devient résistante, mais c'est en Bretagne qu'elle assumera les missions que l'Organisation civile et militaire jeune lui confiera.

La jeune fille rejoint Paris où elle poursuit des études de secrétariat. Elle loge avec sa sœur Élisabeth, mère d'un petit garçon. Marie n'est pas différente des jeunes Français ; elle aussi veut participer à la lutte contre l'occupant mais ne sait comment s'y prendre, ni à quelle porte il faut frapper. Elle écrit dans ses mémoires : « Je suis une jeune fille sans importance et pourtant ce que je fais changera le cours des choses, si peu soit-il, siècle après siècle. »

Durant des années, Marie connaîtra le doute, le questionnement sur l'utilité de sa présence dans le combat avec « faire ou ne pas faire » comme un leitmotiv dévastateur. Tous les résistants qu'il m'a été donné d'interroger sur le sujet me firent à chaque fois la même réponse : tous ont connu ces moments où les forces du combat semblent s'éloigner et devenir floues, les laissant comme hébétés et sans réaction, parfois pendant des heures, avant que s'imposent à eux à nouveau les raisons impérieuses du bien-fondé à poursuivre la lutte.

C'est Jean-Marie West, un jeune homme avec lequel Marie partage ses passions pour la musique et la peinture, qui lui ouvre la porte de la Résistance, après qu'elle eut

1. Sources : Centre d'études Robert Nodot et Marie Chamming's, *J'ai choisi la tempête*, Éditions France Empire, 1997.

confié son désir de combattre. Le garçon lui fait la promesse de la présenter au chef d'une organisation, mais ajoute, ne voulant pas entraîner la jeune Bretonne sur un chemin qu'elle pourrait ensuite regretter : « Vous savez, n'est-ce pas, que nous avons beaucoup de probabilités d'y rester. Réfléchissez bien. »

En rencontrant Charles Verny, le chef pour la région parisienne de l'OCMJ, dans un foyer d'étudiants de la rue d'Assas, elle sait qu'elle a, enfin, ouvert la bonne porte. Elle écoute l'étudiant en droit à peine plus âgé qu'elle, qui parle gravement des dangers auxquels elle risque d'être confrontée. Marie exulte, mais n'en laisse rien voir. Oui, on pourrait compter sur elle pour assurer toutes les missions qui lui seront confiées. Elle n'ignorait rien de la cruauté de l'ennemi. En Bretagne, elle avait eu maintes fois l'occasion de vérifier à quel point les soldats nazis avaient quitté le statut d'hommes pour retrouver en eux le barbare qui sommeillait.

Pas facile de passer de la normalité à l'anormalité, explique Verny, ce sont le silence, la solitude et le regard posé sur les autres qui provoquent la même question : Dois-je avoir confiance ? Tous les jeunes résistants ne sortirent pas indemnes de l'anonymat après la Libération. Le passage de l'anormalité à la normalité fut un choc, une perte d'identité ; il fallut à certains des mois avant de répondre à leur véritable nom lorsqu'ils étaient interpellés.

Charles Verny impressionne Marie. Voici de quelle façon elle le décrit dans ses mémoires :

« J'avais remarqué qu'il marchait à grandes enjambées décidées, comme mon père, et sa poignée de main m'avait fait mal. Je détaillais sa mâchoire carrée, son front têtu, l'étrange regard de ses yeux d'un bleu presque transparent, enfoncés, d'autant plus saisissants qu'il avait les sourcils et des cheveux très noirs. On le sentait possédé par le but qu'il s'était fixé : organiser les jeunes dans la lutte contre l'occupant. Ceux qui venaient le rejoindre devaient laisser derrière eux toute autre préoccupation. Il n'avait pas vingt ans. »

De retour à l'appartement de sa sœur, rue de Lille, Marie – désormais Marie-Claire pour la Résistance – est accablée par le doute. La petite nièce qui lui saute au cou joyeusement, la tranquillité du foyer : avait-elle le droit de mettre sa famille en danger ?

« Perdue dans l'angoisse de ce que j'avais accepté, je ne l'entendis pas rentrer. Ma petite nièce me sauta au cou. Que cette petite fille était donc heureuse et tendre, que je l'aimais !... Pouvais-je lui faire courir le moindre risque d'être prise, emmenée, séparée de sa mère, enfermée dans un camp où elle mourrait de froid et de faim ? Je remettais tout en question. Je me disais : "Tu feras très attention. Tu prendras beaucoup de précautions. Personne, jamais, ne connaîtra notre adresse." »

À peine Marie en a-t-elle terminé avec une question qu'une autre l'assaille. Doit-elle parler de son engagement avec sa sœur ? Tout au long de la soirée, elle guette l'instant où elle lui parlera. Elle ira se coucher sans avoir rien dit.

L'apprentissage de la jeune résistante commence deux jours après son engagement. Il lui faut apprendre à installer un poste de secours, à se diriger avec une carte, à identifier et à apprendre par cœur les insignes et les grades de l'armée allemande, apprendre à conduire un véhicule afin d'utiliser une ambulance.

Marie-Claire organise sa vie en deux parties. Le jour, elle se rend au cours et, le soir, elle retranscrit les documents codés concernant les consignes de parachutage que Charles Verny lui fait parvenir. « Je travaillais après le dîner jusqu'à minuit ou une heure du matin. »

L'angoisse revient au galop. Où cacher les documents « top secret » que le chef lui a confiés ?

« Oublierai-je jamais le premier soir où j'eus un papier compromettant rue de Lille ? C'était un plan de parachutage. Où le mettre ? Je n'avais pas réfléchi à la question des cachettes et je le glissai simplement sous mon matelas, mais je savais que cela ne valait rien. Ai-je dormi cette nuit-là ? Je croyais entendre des pas dans l'escalier. La Gestapo. Elle va nous prendre toutes les trois. On a sonné. Non, c'est l'horloge de l'Institut ou celle du Louvre. Je me tournais et me retournais dans le grand lit, sentant une sueur glacée me couler le long du dos. Un étau me serrait la gorge : je n'aurais pas pu parler. Peut-être que mes cheveux seraient blancs demain matin. Quand on peut avoir si peur, ma petite fille, on ne se lance pas dans une telle aventure ; on fait de la broderie et on tricote de la layette pour ses petits neveux. Je claque des dents. Vraiment, je veux me battre avec eux le jour J [tous les mouvements étaient tendus vers un seul objectif : le débarquement allié. Chaque organisation se préparait en fonction de cette éventualité] et conduire des ambulances sous les balles ? Mais je n'ai qu'à me regarder dans une glace maintenant, ai-je une tête à faire ça ? Je vais m'habituer, probablement : ce n'est pas sûr, pas sûr du tout. Je mordais les draps. Non, je voulais vivre, je voulais aimer et connaître toutes les richesses de la terre, et donner la vie, et finir ce qui commençait à peine. »

Marie-Claire finit par trouver des cachettes pour les documents dont elle a la charge. Dans son cartable d'étudiante, dans l'aspirateur de sa sœur, dans une niche découverte dans le manteau de la cheminée ou dans le piano.

Pour vaincre la peur qui ne la quitte pas, elle s'enfonce dans le travail et les actions. L'arrestation de juifs, à laquelle elle assiste impuissante, lui fait monter la nausée aux lèvres et la rage au cœur. En plus des activités qu'elle assume, la jeune résistante ajoute à son programme déjà chargé la recherche de planques pour les juifs pourchassés.

Elle crée également un service social. Il s'agit de récupérer des boîtes de lait concentré, des biscuits vitaminés envoyés clandestinement par des organisations américaines. Le tout est entreposé chez Marie-Louise, une jeune fille du réseau. « Mes amis et moi-même partions en chasse avec des grands sacs, allant dans beaucoup de magasins différents pour ne pas étonner les gens avec l'abondance insolite de nos tickets… Nous nous rendions aussi en province. Ces voyages, en particulier à Messac, près de Rennes, nous étaient essentiels pour nous procurer du beurre afin de confectionner des gâteaux bretons, de la viande de porc, des rillettes destinés aux colis des prisonniers. »

Ce que Charles Verny ne put lui apprendre est de détecter le traître, le « Judas » parmi les membres du réseau. Il faudra faire son apprentissage sur place, au coup par coup.

Marie-Claire a rendez-vous avec Dorange, un résistant auquel elle doit remettre des documents. Elle se rend au café « Étoile de la Bourse », lieu de la rencontre. Dorange est absent. Inquiète, la jeune résistante parle avec le patron du café qui collabore avec le réseau. Ce dernier lui conseille d'attendre. « Vous en verrez sûrement un de chez vous d'ici peu. »

Un homme s'avance vers Marie-Claire, qu'elle ne connaît pas, qu'elle n'a jamais vu et dont elle n'a jamais entendu parler. Mine patibulaire, feutre enfoncé jusqu'aux yeux « Vous attendez Dorange », lui lance-t-il. Le sang de la jeune fille ne fait qu'un tour. « Si c'était la Gestapo ? » se demande-t-elle. Elle refuse de parler à l'inconnu et lui répond qu'elle ne connaît pas de Dorange. L'autre insiste : « Allez, vous pouvez me parler, je suis Bernard, son second. » Que faire ? Après une longue hésitation, elle finit par remettre à l'homme le paquet de tracts ; à peine l'a-t-il réceptionné qu'il disparaît à grandes enjambées. « Une inquiétude me glaça. Ce garçon ne m'inspirait pas confiance. » L'avenir dira que les craintes de Marie-Claire étaient fondées ; ce Bernard était un traître.

Les arrestations se poursuivent à un rythme soutenu. Charles Verny recommande de quitter Paris et de retourner en Bretagne. De toute façon, le réseau a besoin d'elle. Le chef de Rennes est tombé, et il faut le remplacer de toute urgence.

C'est ainsi que Marie-Claire en Bretagne, dans la nuit du 5 au 6 juin 1944, entend des grondements qui emplissent le ciel « venant du Nord ». Ce n'est qu'au petit déjeuner qu'elle apprend que les Alliés ont débarqué sur les côtes normandes.

L'exaltation du débarquement évacue chez la jeune femme peur et angoisse. Elle se met à la disposition du colonel Bourgoin du maquis de Saint-Marcel, une petite localité du Morbihan située à une trentaine de kilomètres de Vannes. Elle réceptionne les parachutistes venus d'Angleterre, parmi lesquels se trouve celui qui deviendra son mari.

ANNEXES

LISTE DES ÉTUDIANTS ET LYCÉENS ARRÊTÉS PAR LA POLICE FRANÇAISE LE 11 NOVEMBRE 1940, ÉTABLIE PAR LES AUTORITÉS ALLEMANDES, LORS DE LA MANIFESTATION SUR LES CHAMPS-ÉLYSÉES À PARIS

La liste m'a été confiée par André Pertuzio qui la tenait de son ami Jean Ebstein-Langevin. Les informations n'ont jamais pu être vérifiées ni validées à cause de la disparition des archives officielles.

Université de Paris

Jean, André Boudrant ; Jean-Paul Pineau ; Jean-Marie Giraux ; Maurice, Lucien Brassart ; Jacques Dupont ; Michel Girault ; Jean Gaudin ; Gustave Marchal ; Jacques, Camille, Raymond Ficheux ; Jacques, Pierre Galichet ; André, Charles Vincent, Georges, Albert, René Pfeifer ; René, Georges ; André Bondois ; Françoise Drouet ; Roger, Pierre Godeau ; Paul, Henri Meunier ; Max Burgard ; Michel, Édouard Piteux ; François Jeunesse ; Jacques Garitey

Lycée Carnot

Jacques, Alfred, Paul Sahue ; Jacques Amoretti

École des sciences politiques

Pierre, Abel, Georges Lefranc ; Jacques, René Tison

Lycée Saint-Louis

Jean, Raymond Desmadryl ; Pierre, Claude Dumas

École spéciale de mécanique et d'électricité

Gérard, Edmond, Marie Vuillermet ; Pierre, Louis Eichinger

École des Travaux publics

Claude Charmet ; Roger, Antoine Janssens ; Pierre, Henri Lancery ; André, Louis, Jean Surgy

Lycée Chaptal

Noël, Marie Kurkdjian ; Georges, Maurice, Philippe Dutheil ; André, Paul, Édouard Damasio ; Georges, Fernand Feutry ; Serge, Alain Cahen ; Claude, Jacques, Marcel Le Cointe

Lycée Janson de Sailly

Philippe, Louis, Alfred Schmid ; Jean, Marie, Pierre Michaux ; Jean, François Plassais ; Pierre, Gabriel Peltier

École Française de radio-électricité

André, Jean Bonningue ; Jean Étave

Lycée Henri IV

Jean-Pierre Dolberg ; Michel Cournot ; Gérard Delamarre ; Yves, Sylvain Hugonnet ; Bernard Cazauran

École centrale des Arts et Manufactures

André, Antoine Clerissi ; André, Jules Bordeaux ; Roger, Alexandre Bridonneau

Lycée Arago

Claude, Ernest, Célestin Gowarin ; Michel Courtaix ; Jacques Marie Maxime Prim ; Pierre Ernest Bouche ; Philippe Émile Clausse

Lycée Voltaire

Jean, Désiré, Auguste Metivier ; Paul Jager ; Raymond, Émile, Maurice Gangenery ; Kid, Jim Kane ; Pierre, Régis, Louis Vedel ; Jean Wahart ; Jacques, Paul, Robert Kohlmann

Lycée Claude Bernard

Jacques, Émile, Joseph Halpert

École des Arts appliqués à l'Industrie

Antoine Illet

École Saint-Antoine de Versailles

Bernard de Lamaze

Lycée Hoche de Versailles

Jacques, Robert, Raymond, Gabriel Augé

École professionnelle Diderot

Maurice Brin

École d'Ingénieurs Sudria

Pierre, Jean Tierier

École Sainte-Croix de Neuilly

François, Raymond, Lucien Faivre

École Violet

Jacques, René Lefèvre

Lycée Lakanal de Sceaux

Pierre, Alexandre, Louis Fontaine

École de commerce Trudaine
Marcel, Augustin Le Tutzo

École Supérieure de Commerce (il doit s'agir d'HEC, mais rien ne le précise)
Didier, Bernard, Georges Rémon

Institut Gay-Lussac
Bernard, Philippe, Paul Helbert

École nationale professionnelle de Saint-Ouen
Michel, Robert Bindschedler

École Centrale de TSF
Paul, René Schlegel

Cours Montaigne
Claude, Paul Personne

École commerciale de Paris
Jean-Pierre Lederme

École Frilley
Jean-Marie de Ponton d'Amecourt

Lycée des Francs-Bourgeois
Pierre, Marie, Louis Aubert

École d'Art dramatique de Paris
Gérard Huet

Collège Stanislas
Yves Descoings

Cours Serbon
Jean Wanecq

Cours Montespan

Michel Merle

École Saint-Ferdinand

Pierre Meunier

Lycée Rollin

Marc, Georges Leblond ; Christian, Édouard, Robert Malaurie ; René Boulanger

Lycée Louis-le-Grand

Philippe, Henri, Jean Delahousse ; Robert Delvert ; Pierre Lecas ; Claude Lanllier ; Gabriel, Ernest Sevin ; Alain Tillette de Clermont-Tonnerre

École de navigation de Paris

Jean, Jules, Henri Favre

Lycée Buffon

Maurice Roy ; Jean Albert Boulieaut ; Jean-Claude Buchotte ; Daniel, Yves, Louis Mathieu ; Pierre, Georges, André Villard ; Henry, Pierre, Eugène Schoeler ; Henry, Édouard Le Deuff ; Claude, François Hoffmann ; Robert, André Gandu ; Jean-Roger Fauchet

École Fringhien

Robert Monneray ; René Chuzeville

Lycée Condorcet

Roland, Georges, Jean Coty ; Serge, Victor Demeaux

Classe d'éducation physique de Janson de Sailly

Serge Wolinetz ; Alexandre Zemboulatoff ; Claude Dubost ; Louis, André Thibon

Professeurs, enseignants

Lycée Lakanal de Sceaux

René, Paul, Auguste Baudoin, professeur de sciences naturelles

L'établissement scolaire n'est pas mentionné

Pierre, Claude, Dumas, professeur de droit

École ou lycée Saint-Joseph d'Aubervilliers

Philippe, Georges Bauer. La discipline qu'il enseigne n'est pas précisée.

Rappelons-le une fois de plus : la liste est donnée à titre indicatif. Par manque d'informations plus précises, elle ne peut constituer un document définitif ; c'est juste un aperçu qu'il faut considérer en tant que tel.

*

Jean Mattyssens tenta de reconstituer des séances d'interrogatoires. À titre d'exemple, il me confia le témoignage de Claude Dubost.

Question : Pourquoi portiez-vous une Croix de Lorraine ?

Réponse : Parce que c'est le symbole de la Résistance morale en Lorraine.

Question : Pourquoi portiez-vous une cravate noire ?

Réponse : Je ne savais pas que c'était un délit.

Question : Étiez-vous en deuil ?

Réponse : Je suis en deuil de mon grand-père, mort pendant la guerre de 1914-1918.

Décision : Nous confisquons et plaçons sous scellés la cravate noire et la Croix de Lorraine et mettons cet étudiant à la disposition des autorités allemandes.

COPIE DE LA CIRCULAIRE ÉDICTÉE PAR LA PRÉFECTURE DE POLICE DATÉE DU 9 NOVEMBRE 1940, RELATIVE À LA MANIFESTATION DU 11 NOVEMBRE

En raison du fait que, cette année, le 11 novembre est un lundi et est considéré comme jour de travail, il est à prévoir que des éléments de la population parisienne se rendront en assez grand nombre à la statue de Georges Clemenceau et à la tombe du Soldat inconnu, au cours de la journée du dimanche, et plus particulièrement l'après-midi.

En ce qui concerne la journée du 11 novembre, circulent depuis quelques jours, parmi la jeunesse estudiantine, des mots d'ordre transmis discrètement de bouche à oreille ou à l'aide de tracts manuscrits, ronéotypés ou autres, reproduits par leurs détenteurs et redistribués dans leur entourage. Ils invitent les élèves des lycées, des collèges et des facultés à se rendre, ce jour-là, en signe de protestation contre l'envahisseur de la France, soit au tombeau du Soldat inconnu à l'Arc de Triomphe, soit à la statue de Georges Clemenceau, pour y déposer des fleurs.

La propagande qui s'est effectuée dans ce but, tant au

Quartier latin que dans les établissements d'enseignement, permet de penser qu'un certain nombre d'élèves tenteront d'observer cette consigne.

Le 11 novembre devant être cette année un jour de travail, les cours dans les lycées, collèges et facultés se dérouleront aux heures habituelles.

En ce qui concerne les élèves externes ou demi-pensionnaires des établissements d'enseignement secondaire, ils devront y assister sous peine des sanctions prévues. Il en va autrement dans les facultés où les cours sont facultatifs, ce qui permet aux étudiants de ne pas y assister.

Au surplus, on sait que, chaque année, l'anniversaire de l'armistice était célébré dans les lycées, collèges et facultés par une cérémonie regroupant professeurs et élèves devant le monument des Morts au Champ d'Honneur. Cette année, cette coutume sera observée en fin de matinée, dans un certain nombre de ces établissements.

En ce qui concerne les démonstrations envisagées pour le 11 novembre, la principale se déroulera vraisemblablement en fin d'après-midi, à l'issue des cours.

À la sortie des classes, les élèves tenteront de se rendre, soit isolément, soit en petits groupes, au monument de Georges Clemenceau et à l'Arc de Triomphe pour s'y recueillir et éventuellement pour y déposer des fleurs. Cette tentative doit se dérouler vers 17 h 30 et réunir une participation assez nombreuse d'élèves des Grandes écoles.

Par ailleurs, une démonstration du même genre est envisagée dans la matinée du 11 novembre, vers 10 heures, avec la participation d'éléments « patriotes » invités à se rendre au monument de Georges Clemenceau. Il n'est pas impossible que ces éléments tentent ensuite de gagner la place de l'Étoile.

On prête aussi à quelques partisans d'Action Française l'intention de déployer un drapeau tricolore au sommet du Panthéon, dans la matinée du 11 novembre.

On apprend enfin que des partisans de Monsieur Jacques Doriot envisagent de se rendre lundi matin aux abords de la faculté de Droit pour observer l'attitude des étudiants et se livrer, le cas échéant, à une contre-manifestation au cri de « Vive Pétain ».

En dehors de ces démonstrations projetées par la jeunesse estudiantine, il est à prévoir qu'au cours de la journée, nombreux seront les Parisiens qui s'efforceront d'aller rendre hommage au Soldat inconnu.

Ci-joint copie du texte de leurs tracts distribués dans la capitale et relatifs à la commémoration de la journée du 11 novembre.

NAISSANCE DE L'ASSOCIATION DU 11 NOVEMBRE

L'Association du 11 novembre est née après une conversation entre Roland Coty, lycéen à Condorcet qui fut arrêté lors de la manifestation, et son oncle René Coty, président de la République. Il estima que cet acte courageux devait trouver sa place dans la mémoire collective. Il demanda au ministre des Armées de l'époque de faire apposer une plaque rappelant l'événement à l'angle des Champs-Élysées et de la rue de Tilsit, à l'endroit le plus « *chaud* » de la manifestation. L'inauguration de la plaque eut lieu le 11 novembre 1954 en présence du président Coty. Depuis cette date, chaque année, soit le chef de l'État en personne soit son représentant vient se recueillir et ainsi honorer la jeunesse qui eut le courage de se dresser contre l'occupant nazi.

Après la première cérémonie du 11 novembre 1954, la

création de l'Association fut évidente. Les statuts sont rédigés en 1957 par l'avocat Jean Michaux qui participa à la manifestation.

Le président en exercice en 2009 est Pierre-André Dufetel.

COMPLÉMENT D'INFORMATION

Pierre-André Dufetel, dans son témoignage (chapitre 12), raconte que son père fut arrêté par la Gestapo, conduit à la prison de Loos-lès-Lille et qu'il fut classé *Nuit et Brouillard.*

L'appellation *Nuit et Brouillard* désignait les prisonniers politiques, les résistants et les terroristes, et faisait suite à un décret datant du 7 décembre 1941 signé par le maréchal Wilhelm Keitel qui ordonnait la déportation des individus considérés comme étant des ennemis du Reich, dans le cadre des dispositions dites *Nacht und Nebel*, dont le sigle était NN. Il faut savoir qu'en application de ce décret, toutes les personnes qui présentaient un danger pour le Reich étaient obligatoirement transférées en Allemagne et devaient disparaître. C'est pour cette raison que Pierre-André Dufetel n'a plus jamais eu de nouvelles de son père, et qu'il n'a jamais su dans quel camp celui-ci avait été assassiné.

Je voudrais évoquer à présent la tragique épopée du train de Loos dans lequel le père de Pierre-André Dufetel a certainement pris place, une façon de réaffirmer la souffrance de ceux qui eurent le courage de résister.

Le train de Loos fut le dernier convoi à quitter la région du Nord. Plus de mille personnes toutes résistantes, dont la majorité est transportée dans des wagons de marchandises, trouveront la mort avant d'atteindre le camp d'internement, la destination finale.

Les informations qui suivent, je les dois au docteur Fernand Beurtheret.

1942 : la chasse intensive contre les membres des réseaux de résistance connaît son apogée. Ceux qui tombent entre les mains de la Gestapo locale subissent des tortures hélas connues : la baignoire pleine d'eau glacée, les coups au visage… Meurtris, à bout de résistance, les prisonniers sont conduits ensuite, les poignets liés par des menottes, à une cellule de la prison de Loos, près de Lille.

Semaine après semaine, les cellules se remplissent, la vie y devient rapidement impossible. Pour dormir, pas la moindre paillasse, les odeurs s'échappant de la tinette alourdissent l'air déjà vicié par l'abondance de détenus. À cela s'ajoutent les souffrances dues aux séances de tortures. Il arrive que l'évacuation de résistants soit nécessaire, leur raison chavire, ils se mettent à hurler. Ce sont des hurlements d'animaux sentant la mort approcher.

Le 1er septembre 1944, à 5 h 30 du matin, la Gestapo et des militaires allemands faisant preuve d'une nervosité inaccoutumée ordonnent aux détenus de sortir au plus vite des cellules. Dans la cour de la prison les attendent toutes sortes de véhicules : camions, bennes à charbon, voitures cellulaires. Par groupes de vingt, les détenus y sont entassés.

À la gare de Tourcoing, les véhicules sont parqués devant le quai n° 46 où se trouvent trois rames de wagons sur lesquels figure la fameuse indication « 8 chevaux, 70 hommes ».

On entasse jusqu'à cent déportés par wagon. Des cheminots prisonniers reconnaissent les wagons qui avaient été déclarés insalubres par l'administration de la compagnie ferroviaire ; ils avaient transporté de la chaux et du ciment. D'ailleurs, les parois sont encore maculées des produits transportés. L'embarquement des prisonniers se termine en fin d'après-midi. Le convoi comprend quinze wagons renfermant mille deux cent cinquante déportés politiques.

À 17 h 30, le train s'ébranle.

« Le soleil a brillé toute la journée, se souvient Fernand Beurtheret, la chaleur éprouve péniblement déjà ceux qui ont été embarqués à 6 heures du matin. La soif aussi. Serrés les uns contre les autres, les prisonniers ne peuvent plus s'asseoir. Rien n'a été prévu pour les besoins naturels. Des hommes urinent dans leur mouchoir et le pressent contre leur nuque pour la rafraîchir. L'air n'arrive qu'au compte-gouttes par les petites lucarnes grillagées. Des passagers sombrent dans le désespoir. Des chants patriotiques s'élèvent qui les confortent un peu. Maître Marcel Hénaux, du barreau de Lille, dont le moral ne faiblira jamais, même dans le camp de concentration où il soutiendra ses compagnons d'infortune avant de mourir lui-même d'épuisement en avril 1945, improvise et chante des paroles sur l'air de “Ce n'est qu'un au revoir” où il dit : Courage, mes frères, la liberté viendra. »

Entre Mouscron et Gand, près de Deynze, dans la nuit, le train s'immobilise pendant plus de trois quarts d'heure. Les gardes SS descendent de leurs wagons, se mettent à hurler contre les civils, et les cheminots sans aucun doute, qui se trouvent sur le bas-côté de la route. Les soldats allemands ouvrent quelques portes de wagons, jettent un rapide coup d'œil à l'intérieur, voulant certainement s'assurer qu'aucun prisonnier ne s'est évadé. D'ailleurs, ils renouvellent leur menace : pour une seule évasion, cinq des occupants seront fusillés.

« Des déportés, raconte Fernand Beurtheret, voulurent cependant jouer le tout pour le tout. C'est ainsi que James Venture, avec le couteau découvert dans la valise qu'il avait dû emporter de force, propose de pratiquer un trou dans le plancher. On l'en dissuade par peur des représailles. »

Le convoi atteint Cologne, en Allemagne, le 3 septembre 1944, vers 9 heures du matin. Les déportés encore vivants sortent des wagons. Ils n'ont plus face humaine ; sales, hirsutes, certains ont les yeux et la peau brûlés par la chaux. Ils sont dirigés à pied vers un bâtiment en partie détruit par un récent bombardement, où une maigre soupe leur est servie. Des prisonniers épuisés ne peuvent avaler une seule lampée, ils tombent au sol, épuisés, au bord de l'agonie.

Deux cent cinquante de ces hommes n'ont pas le temps de goûter au repos : ils sont conduits dans un train et poussés dans des wagons. Ils rejoindront le reste du convoi plus tard, au camp de Sachsenhausen, premier d'une longue série dont les noms continuent d'inspirer de nos jours la terreur et la mort.

À la libération des camps, il ne reste des mille deux cent cinquante résistants déportés partis de Loos que cent trente survivants. Squelettes vivants avec la terrible inscription *Nacht und Nebel* (Nuit et Brouillard) écrite sur leur veste rayée.

Il faut savoir que les déportés qui portaient ce « NN » au dos de leur tenue étaient considérés par les nazis comme des esclaves. Condamnés à mort d'office, parfois graciés, ils étaient de toute façon voués à une mort lente.

Dans les camps, les NN étaient employés aux travaux physiques les plus pénibles. Amoindris par les coups et le manque de nourriture, nombre d'entre eux ne pouvaient assumer les tâches que l'on attendait d'eux. Sans préavis, ils étaient abattus sur place. Si le déporté résistait aux privations et à la violence, il avait la chance de rester vivant. Mais à quel prix.

*

Dans le chapitre 16 est évoqué le réseau Buckmaster. Voici les informations le concernant

Tout d'abord, le créateur. Maurice James Buckmaster est né le 11 janvier 1902 à Ravenhill, en Angleterre.

Il sera reporter en France avant la Seconde Guerre mondiale au journal *Le Matin.*

De 1932 jusqu'à 1936, il est le directeur général de la branche française de la compagnie Ford.

En 1938, il rejoint l'armée de réserve et suit les cours de l'Intelligence Service à Minley Manor. Il en sort avec le grade de capitaine.

En 1940, Winston Churchill décide la création du SOE (*Special Operation Executive).* Maurice Buckmaster est nommé responsable de la section T (Belgique).

Le 17 mars 1941, Buckmaster est nommé chef de la section F (France), poste qu'il conserve jusqu'à la dissolution du SOE en 1946.

Maurice James Buckmaster meurt le 17 avril 1992 à l'âge de quatre-vingt-dix ans.

Objectifs du réseau Buckmaster :

Au lendemain de la chute de Dunkerque, le 6 juin 1940, symbole de la déroute de l'armée britannique aux côtés de l'armée française, Churchill comprend que ses troupes ne pourront plus, avant longtemps, reprendre pied sur le sol français.

Le seul combat immédiat possible devient le harcèlement de l'ennemi par des actions de guérilla. Le Premier ministre anglais résume cette mission par cette formule : « *Mettez l'Europe à feu et à sang.* »

Churchill signe le 19 juillet 1940 l'ordre de création du SOE.

Le SOE s'implante en priorité dans les pays occupés, proches du Royaume-Uni, pour y mettre en place des groupes de sabotage et de guérilla et parachuter du matériel de destruction.

Les opérations de parachutages sur la France passeront d'une soixantaine en 1942 à 400 en 1943, puis à une moyenne de 200 par mois durant le premier semestre de 1944. À cette date, plus de 45 réseaux Buckmaster fonctionnent en France et entretiennent des contacts radio journaliers avec Londres. La réussite du débarquement au mois de juin 1944 est due en partie aux informations que le réseau n'a cessé de fournir pendant des mois à l'État-major des Forces alliées.

*

Le 11 mai 2006, devant le monument des Élèves et des Étudiants de France morts pour la France pendant l'Occupation nazie, s'est tenue une importante et émouvante manifestation, organisée par le Mémorial Leclerc-Musée Jean Moulin et l'Association Mémoire et espoirs de la Résistance. À cette occasion, Claude Ducreux, qui fut l'un de ces jeunes qui affrontèrent l'ennemi avec courage, prononça une allocution. Celle-ci résume avec talent le combat de la jeunesse, restitue des visages oubliés, et nous montre ce que fut pour certains leur parcours de souffrance :

« Mesdames et Messieurs les Représentants des autorités nationales et parisiennes,

Mesdames et Messieurs les Présidents, Chers camarades et Chers amis,

C'est toujours avec un pincement au cœur que nous évoquons ces camarades de l'autre rive, ces meurtris quelquefois sans sépulture, ces jeunes assassinés au bord de leur adolescence au moment où nous nous retrouvons devant ce monument près de la Fontaine Médicis. Sous l'égide des sénateurs et avec leur aide et la participation de représentants de la Nation, Jeanne Boucourechliev avec sa fidélité et Mémoire et espoirs de la Résistance avec son souci de continuité, permettent le souvenir et le service indispensable de mémoire pour l'émotion des Anciens et la transmission des valeurs aux plus jeunes par des chants, des poèmes, des récits martelés par cette histoire très particulière que fut la Résistance.

Les dates de l'action estudiantine sous l'Occupation sont des dates historiques. Elles en soulignent la particularité. 1940, 1943, 1944. 1940, écrasées par la débâcle, l'exode sur les routes, l'absence de nouvelles des proches et des amis, les trahisons, les générations estudiantines et lycéennes réagiront par la tradition, le courage et l'honneur. Cette jeunesse connaît très vite et majoritairement le refus ; refus de la défaite, refus de l'ignominie dont on ne connaît pas encore toute l'ampleur.

La jeunesse a repris le chemin de l'école et de la Fac. Certains ont passé le bac à des sessions excentrées, souvent sans oral. Très vite va circuler après la Toussaint, surtout à Paris, l'idée de respecter l'hommage à l'Inconnu sous sa flamme d'éternité qui devient fidélité au soldat de la dalle sacrée et par là fidélité à la Nation et surtout espérance alors que la foi a chancelé.

À l'approche du 11 novembre, deux mille lycéens et cinq cents étudiants sont mobilisés par le bouche à oreille, les avis sur les vieux tableaux noirs où la craie renouvelle l'appel quand un coup de chiffon timoré l'a effacé, et même par les tracts que Lefranc [il fait allusion à Pierre Lefranc, qui fut l'un des instigateurs de la manifestation du 11 novembre 1940, à la faculté de droit] aura réussi à imprimer, sans compter les petites Croix de Lorraine émaillées bleues de Sainte-Croix de Neuilly. Des groupes fluctuants, animés d'une seule idée principale, se donnent rendez-vous et s'élancent vers l'Arc de Triomphe. Les mathélems de Janson, une notamment, ont, dès le 9 novembre, commandé une gerbe. Ce sera une Croix de Lorraine bleu ciel de 2 mètres de haut que livrera le fleuriste. Igor de Schotten et Dubosc déposent, avec l'aide des gardes, sur la dalle sacrée, l'hommage à tous ceux qui ont construit notre mémoire. Les groupes venus de la Rive gauche tentent de remonter les Champs-Élysées. Les policiers et les Allemands interviennent très rapidement depuis les rues adjacentes. Ça bouchonne et ça refoule vers George-V, puis Bassano et Washington avec des coups, des dégagements musclés et des fuites de plus en plus difficiles. Il y aura plus de 1 000 arrestations, des arcades sourcilières fendues et soignées par les infirmeries des lycées. Dans les jours qui suivent, il y aura 123 incarcérations et l'Université sera fermée. Des dirigeants, tels que Langevin, sont arrêtés, mais plus de 750 bouquets fleurissent la statue de Clemenceau. Le souvenir de cette journée estudiantine constituera un mythe fondateur. Cette manifestation sera exemplaire, car elle marque des sentiments très forts et elle inspirera les établissements scolaires et les communes pendant toute l'Occupation. En 1943, à Henri IV, dans un silence absolu, crissent seulement les graviers jamais dérangés de la Cour d'honneur, des élèves déposent quelques feuillages arrachés à un jardin voisin devant le personnel administratif médusé mais qui saura conserver l'événement. L'Association des étudiants du 11 novembre 1940 est restée, jusqu'à ce jour, active et solidaire après avoir donné l'exemple initial.

À l'appel des Français de la BBC le 11 novembre 1943, à Oyonnax, Roman Petit organisera une grande cérémonie face à l'occupant. Deux cents maquisards en grande tenue empruntée aux Chantiers de jeunesse défilent en bon ordre devant les 12 000 habitants de la cité du celluloïd. Ailleurs, ce sera un humble bouquet sur la pierre grise du monument où sont gravés quelques noms de notre bonne terre de France, mais partout la tradition brave l'environnement hostile.

Cet élan exemplaire dressé devant l'occupant et son allié, le législateur installé à Vichy, va aussi guider les esprits vers l'action. Malgré les embûches diverses d'une vie difficile et les obligations de la clandestinité, les élèves vont œuvrer dans toutes les directions : presse clandestine, cache d'amis et de juifs, cache d'aviateurs alliés abattus ; on profite des jours de congé, des vacances et des professeurs compréhensifs, certains participant même effectivement, tels Lacroix et François. Des étudiants préparent le plastic ou des munitions.

Quand surviennent les grandes réquisitions pour le travail des jeunes en Allemagne, les réactions sont fortes : examens médicaux truqués, planques diverses. Deux élèves de l'École de la France d'Outre-mer assomment le gardien, détruisent un fichier à la fac de droit ; un commando fait de même à la faculté de médecine.

Les maquis s'installent et doivent organiser l'entraînement au maniement d'armes. Bien souvent, la recrue ignore le vrai nom de son responsable et celui de son réseau. Un chef régional de l'OCM (Organisation civile et militaire) changera six fois de pseudonyme.

Dans le Quartier latin, on organise des groupes de cinq ou six sous la désignation « OCM jeunes ». Ils sont dirigés par « Philippe », un étudiant en droit, monté d'Aix-en-Provence, qui n'est autre que Charles Verny. On dressera des plans des galeries sous le Luxembourg et sous les catacombes avec des Jorge Semprun, khâgneux d'Henri IV. Primé au Concours général malgré l'opposition des autorités, il n'est plus au cours Lacroix ; le futur organisateur du parti communiste espagnol a intégré un réseau britannique.

Rue de Médicis, dans la célèbre librairie José Corti, on s'inquiète de la disparition d'un fils tant aimé : Dominique, cet autre élève de Lacroix et d'Alba, ne reviendra jamais et ne laissera que deux ombres voûtées, vêtues de noir dans leur chagrin et que ni Bachelard, ni Julien Gracq ne consoleront [il fait allusion au philosophe Gaston Bachelard, figure importante de la pensée française et personnage indivisible du Quartier latin].

Les volontaires de la liberté resserrent les rangs et se coordonnent avec d'autres mouvements. À Vélite Thermopyles, qui a été fondé rue d'Ulm, Pierre Piganiol échappe de peu à la Gestapo. Un ancien de Normale sup, Kosciusko, futur gendre de Morizet, maire de Boulogne, travaille avec le savant Paul Rivet, puis avec Piobetta et Marc O'Neil, futur chef militaire dans l'Orléanais. On établit des plans et on distribue les tâches, au Luxembourg et au lycée Montaigne.

Certaines équipes font de l'entraînement militaire le dimanche en forêt de Fontainebleau, délaissant certains sous-sols. Les coups de main se multiplient. Le 3 mai 1944, à 5 heures de l'après-midi, boulevard Saint-Michel, les jeunes de la FUJP [« Forces unies de la jeunesse patriotique » est née au mois d'octobre 1943 de la fusion des Forces unies de la jeunesse et du Front patriotique de la jeunesse. Jean Prouteau en est l'organisateur. L'UJP fédère des organisations combattantes, lesquelles sont rattachées d'une façon ou d'une autre au parti communiste. Malgré ce lien, on trouve par exemple les jeunes chrétiens combattants], guidés par Prouteau, qui a remplacé Charles Verny, arrêté le 4 mai 1944, distribuent 28 000 numéros de *L'Avenir* en quelques minutes. Personne ne sera arrêté. L'étudiante Sylvie Girard est avec eux, Mais le futur X

Henri Lerognon, après Éliane Jeannin, est arrêté et déporté, ce qui décapite un peu plus l'OCMJ.

Le grand ralliement estudiantin aura lieu avec le débarquement de Normandie. Le 6 juin, les classes préparatoires ont passé les concours et les partiels. Malgré les lourdes arrestations des cadres en mars, avril et mai, les affectations ont été faites. Les messages attendus résonnent dans les postes ; les itinéraires se communiquent. L'ennemi est plus dur que jamais et multiplie les arrestations ; les derniers trains de la déportation partiront en août.

Du Quartier latin, on est parti vers Saint-Viâtre, Chambon-la-Forêt, Lorris ou Vendôme et des étudiants de Rennes tentent de rejoindre Saint-Marcel [important maquis installé en Bretagne].

À Lyon, de futurs universitaires de l'école de Santé sont victimes de la Gestapo. Ils seront poussés par le sinistre Barbie dans le dernier convoi de la déportation du 11 août 1944. L'écrivain déporté a appelé cela le « dernier voyage » ; la direction était le Struthof ou Dachau, pour toi, mon camarade et pour d'autres Dora ou Flossenburg. Jorge Semprun a alors ce double cri déchirant : « Quitter le monde des vivants ! Quitter le monde des vivants ! »

Mais ils auront encore la fleur au fusil, ce que n'ont pas encore ceux qui partent pour la Loire, la Sologne, voire les Alpes.

C'est la jeunesse de France qui veut vivre son espérance. Le général de Gaulle la saluera. Cette espérance sera en effet à la mesure des enthousiasmes de leurs âmes riches, mais elle ne fut pas sans larmes.

De ceux qui sont ici, ce 11 mai (2006), la plupart ne peuvent se soustraire au souvenir des fusillés de By et Cerbois, des déportés de Sologne et à celui de ceux qui tombèrent à Chambon-la-Forêt, Saint-Cyr-en-Val ou près de Lorris et partout ailleurs.

Quatre d'entre les 29 martyrs de La Ferté Saint-Aubin étaient encore en classe à côté de moi les premiers jours de juin 1944. Un traître les a fait assassiner le 10. Depuis 60 ans, sonne en moi le glas de courage et d'honneur de mes camarades morts à 20 ans. »

LETTRES DE JEUNES RÉSISTANTS

Pour clore le livre, il m'a semblé important d'insérer des lettres de jeunes résistants, écrites quelques heures avant leur exécution. Le regard qu'ils posent sur leur action, le sacrifice de leur vie qu'ils ont consenti, constituent un message puissant : Que la France continue d'avancer dans le respect qu'elle doit à son histoire et aux valeurs qui l'ont fondée.

Pierre Alvizet, faculté des sciences de Paris, fusillé le 16 août 1944 dans les bois de Dormont.

> *« Si je suis tué dans la bagarre, je veux que l'on sache qu'il ne s'agit pas d'un risque accepté à la légère. Pour mettre fin au doute et à la lâcheté de certains, je ferai délibérément le sacrifice de ma vie pour la France. Si ce sacrifice ne présente pas l'utilité immédiate que certains voudraient y voir, il servira au salut*

de l'âme de la France. Si de savants calculateurs vous prédisent les pires maux, j'ai la certitude qu'une France chrétienne naîtra de nos sacrifices. Mon vœu le plus cher est que mes parents, sans aucun regret, continuent mon boulot, que, s'ils sont privés de leur grand fils, ils sachent qu'il a trouvé le plus grand bonheur, celui qui ne s'éteint pas, le Christ. Qu'ils restent au poste, sans découragement et qu'ils travaillent à élever des gosses en contribuant à des œuvres sociales. Que papa combatte pour le salut politique de la Patrie, suivant la doctrine de notre chef, de Gaulle. Que l'union si intime de notre foyer subsiste, quoi qu'il arrive. Pour cette jeune fille, que mon cœur veut garder idéale puisque rien ne nous permet actuellement le moindre engagement d'avenir, je demande au Seigneur de toujours la garder aussi chic pour le jour où je reviendrai. Si je ne reviens pas, qu'elle continue une route droite et heureuse, puisque rien ne l'engageait à mon égard. Qu'elle garde le souvenir d'un bon camarade... qui est heureux d'avoir trouvé le grand amour dont elle avait été pour lui le symbole. Si aujourd'hui il n'y a pas entre nous cette promesse que j'aurais tant souhaitée, c'est la volonté de Dieu. Je crois à l'amour. Chers vieux copains, si je ne reviens pas, au revoir quand même. Continuez la bataille, soyez des militants jécistes (Jeunesse étudiante chrétienne) et français. Je pense à Michel, Christian, Jacques, Roger, Georges, etc. Que le Père Jean Pascal s'occupe d'eux après ça. D'après toutes les éventualités, la Vie est belle. Vive la France. »

Jean-Paul André, collège Stanislas. Fusillé le 10 juin 1944 à Marcelly-en-Villette à l'âge de dix-huit ans.

« Le jour du grand jugement, il est une chose que je vous porterai pure et intacte, brûlant et illuminant mon pauvre cœur comme le font les bougies de cire blanche dans une triste chaumière. Cette lumière, c'est mon panache et ma raison de vivre : c'est la France. Et, voyez-vous, mon Dieu, je compte beaucoup sur elle pour me faire pardonner, car aimer... n'est-ce pas déposer aux pieds de vos saints les plus belles fleurs, les plus dignes. Sur elle, j'ai porté tout mon amour, tout le trop-plein de mon cœur, tout ce que j'aurais voulu donner et que je n'ai jamais osé donner. Orgueil sans doute, mais ce que je veux donner est si beau, si profondément à moi que ce n'est qu'à elle que je voulais le donner.
Je ne suis pas de ceux qui méprisent la vie et jouent avec la mort pour le plaisir de la mépriser, mais, puisque mon devoir est là, je l'accomplirai jusqu'au bout.
En faisant mon devoir, je ne sais quelle peine immense je fais à mes parents. Que Dieu me pardonne, mais il est sûr que rien ne me détournera de ma voie. Vous qui m'aimez tant, sachez que le rêveur est parti vers son plus beau rêve, et s'il n'en revient pas, sachez que c'est la mort qu'il avait toujours souhaitée. »

Bernard Courtault est né en 1923, il est fusillé au Mont Valérien le 3 novembre 1943, à l'âge de vingt ans. Il appartenait au réseau de résistance chrétienne du lycée Paul Langevin.

« Mon très cher papa. Cette fois, c'est fini. À huit heures, je serai fusillé. Du courage, mon petit papa.

Le nom des Courtault s'éteint avec moi. Je n'ai pas peur de mourir, mais je crains pour vous que j'aime tant. Je te répète que j'ai été heureux pendant les 20 ans que j'ai vécus sur terre, et que tu y es pour beaucoup. Il ne faut pas regretter le passé, ta séparation avec maman. J'ai eu 2 foyers, avec chacun leur bonheur. Je meurs en bon chrétien, je viens de communier. Priez pour mon âme, je vous en supplie, maintenant que mon corps disparaît. J'aurais tant voulu vivre, surtout pour vous et ma petite Janette, ma petite chérie, qui peut avoir besoin d'elle. Je la recommande à Colette. Pardonnez-moi tout le mal que j'ai pu vous causer. Je vais mourir en souriant, avec le sourire à la "Courtault" que vous me connaissez. Adieu, Colette que j'aime tant, Lucette, Jeannette, Marraine, et toi-même, très cher papa, que je chéris tendrement. Faites mes adieux à tous ceux qui m'aiment et que j'aime. Ton fils affectueux, Bernard.
Encore une fois, merci, mon cher papa, pour tout ce que tu as tenté ; adieu à toi et à tous, Bernard. Pour moi, j'ai l'impression qu'on a été très sévère avec moi. Mais je mourrai bravement, sois-en assuré. Rappelez mon souvenir de temps en temps à mon Janot. Je l'aimais tant. J'ai toujours été très bien traité par les soldats allemands et certains étaient vraiment des hommes d'une bonté et d'une charité exemplaires, comme il ferait bon en voir partout. Encore une fois merci. »

André Soussotte, école de Rochefort, fusillé le 30 novembre 1944 à Gaggenau (Allemagne).

« Ma petite fiancée chérie,
J'espère de tout mon cœur que cette lettre te

parviendra. Je vais la confier à un camarade sûr qui la fera partir après la guerre, et si moi je ne reviens pas pour te décrire mon moral, la lettre me remplacera. Demain, je quitte le camp pour une destination inconnue. À l'heure où en sont les événements, ce n'est pas très bon signe pour nous. Enfin, le courage et surtout la confiance règnent. Si je ne reviens pas, je ne voudrais pas que tu croies, ma petite chérie, que j'ai souffert moralement. Non. Les huit mois de prison que je viens de faire m'ont préparé à la mort et, le moment venu, j'oublierai très facilement, je crois, les choses matérielles et terrestres que nous sommes obligés d'endurer ici-bas. Je regrette et je te demande pardon, si cela m'arrive, de t'avoir donné tant de peine, mais pour moi, ne t'en fais pas, ne me regrette pas. Je suis le plus heureux de tous. Nous aurions pu, certes, avoir une bonne vie, mais j'ai dû laisser tout cela pour rendre service à mon pays. N'aie aucune haine, ma petite fille, contre ceux qui m'auront supprimé. Ils sont parfaitement dans leur droit. Je t'avais bien souvent dit ce qui m'arriverait si j'étais pris. Je me console en me disant qu'ils ne pourront jamais me faire autant que je leur ai fait. S'ils me fusillent, qu'est-ce que la vie d'un homme contre tout ce que j'ai contribué à écouler : bateaux, etc. ? Pas grand-chose. Je suis même fier de pouvoir mourir la tête haute et pour mon pays. Adieu, ma chérie. Sois courageuse et crois-moi heureux. »

Roger Pironneau, élève au lycée Condorcet. Fusillé le 29 juillet 1942 au Mont Valérien.

« Je vais être fusillé tout à l'heure, à midi. Il est 9 h 15. C'est un mélange de joie et d'émotion. Pardon pour tout... La douleur que je vous ai causée, celle

que je vous cause, celle que je causerai. Pardon à tous : pour tout le mal que j'ai fait, pour tout le bien que je n'ai pas fait. Mon testament sera court : Je vous conjure de garder votre foi. Surtout aucune haine contre ceux qui me fusillent ; "aimez-vous les uns les autres", a dit Jésus, et la religion à laquelle je suis revenu et dont vous ne devez pas vous écarter est une religion d'amour. Je vous embrasse tous de toutes les fibres de mon cœur. Votre fils, petit-fils et frère qui vous adore. Roger. »

« 10 h 15. Je suis calme, serein. J'ai serré la main de mes gardiens. Grand plaisir. Je vais tout de suite voir l'abbé. Immense joie. Dieu est bon. »

Au verso d'une image de la Croix encerclée d'une couronne d'épines et d'une couronne de lauriers et portant la mention : Refuser de pâtir, c'est refuser d'être couronné, Roger écrit : « Conservez cette image qui donne la formule de mes derniers mois. »

Au verso d'une autre image : « J'ai le sourire et mon écriture s'affermit... Et cependant l'heure approche. N'est-ce pas merveilleux ? Ô revenez à Jésus. 29 juillet 1942. Je nage dans la sérénité – 10 h 20. »

REMERCIEMENTS

Mes remerciements vont en priorité aux membres de l'Association du 11 novembre et tout particulièrement au président Pierre-André Dufetel. Que les uns et les autres trouvent ici l'expression de ma gratitude pour le temps qu'ils m'ont accordé et les documents qu'ils ont bien voulu mettre à ma disposition. À Michèle Griotteray pour les documents sur son père, qu'elle a bien voulu me prêter, dans une période difficile. À Maître Georges Benelli pour son aide à rencontrer Maître Jean-Baptiste Biaggi. Au journaliste Alain Sanders. Aux historiens Pascal Plas et Michel C. Kiener pour m'avoir permis de piocher dans leur ouvrage, les informations du 17e Barreau. À mon éditeur Charles-F. Dupêchez pour la confiance qu'il m'a témoignée. À l'incontournable et constamment fidèle René Cangémi.

BIBLIOTHÈQUE SÉLECTIVE

Concernant la manifestation du 11 novembre 1940, les Éditions Frémeaux et Associés ont édité un CD sur l'événement où l'on peut entendre les principaux protagonistes et les participants parmi les plus connus. Il s'agit d'un document rare puisqu'une partie importante des intervenants sur l'enregistrement sont décédés : 11 novembre 1940, témoignages et archives historiques, Éditions Frémeaux et Associés, 2000.

BENAMOU (Georges-Marc), *C'était un temps déraisonnable*, Éditions Robert Laffont, 1999

BERGOT (Erwan), *Les Cadets de la France Libre*, Éditions Presses Pocket, 1980

CHAPLEAU (Philippe), *Des enfants dans la Résistance (1939 – 1945)*, Éditions Ouest-France, 2008

DELARUE (Jacques), *Histoire de la Gestapo*, Éditions Fayard, 1967

DELPARD (Raphaël), *L'Armée juive clandestine en France*, Éditions Page après Page, 2002

DELPARD (Raphaël), *Aux ordres de Vichy*, Éditions Michel Lafon, 2006

GANDY (Alain), *La Jeunesse et la Résistance, Réseau Orion, 1940-1944*, Éditions Presses de la Cité, 1992

GRANET (Marie), *Les Jeunes dans la Résistance*, Éditions France-Empire, 1996

KIENER (Michel C.) et PLAS (Pascal), *Des jeunes en résistance, l'affaire du 17e Barreau, 1943*, Éditions Lucien Souny, 2008

LEFRANC (Pierre), *Conversation avec Geneviève Moll, Gouverner selon de Gaulle*, Éditions Fayard, 2008

LEFRANC (Pierre), *D'une résistance l'autre*, François Xavier de Guilbert, 2005

LEVERT (Jean-Pierre), *Un lycée dans la tourmente*, Éditions Calmann-Lévy, 1994

MARTINEZ (Gilles) et SCOTTO DI COVELLA (Thierry), *La France de 1939 à 1945*, Éditions du Seuil, 1997

MICHEL (Alain-René), La *JEC face au nazisme et à Vichy*, Presses Universitaires de Lille, 1988

NOGUÈRES (Henri), *Histoire de la Résistance en France de 1940 à 1945*, Éditions Robert Laffont, 1967

Ouvrage collectif, *Gilbert Dru, un chrétien résistant*, Éditions Beauchesne, 1998

OUZOULIAS (Albert), *Les Bataillons de la jeunesse*, Éditions sociales, 1967

Différentes sources

Archives de l'Œuvre de Secours aux Enfants

Archives de l'ONAC (Office national des Anciens Combattants), Patriote résistant, juin 1990

Archives du parti communiste français

Archives Jeunesse agricole chrétienne [JAC]

Archives ministère de la Défense nationale

Direction de la Mémoire, du département et des archives : collection nº 20, « Mémoire et Citoyenneté », « Les fusillés de Châteaubriant », 22 octobre 1941

France-libre.net

Histoire du christianisme (revue mensuelle), numéro du 11 juillet 2002, Serre éditeur et Archives de la ville de Nice

Institut Charles de Gaulle

Josse (Raymond), *La Naissance de la Résistance étudiante à Paris et la manifestation du 11 novembre 1940*, Commission d'histoire de la Résistance (sans date)

La Lettre de la fondation de la Résistance, n° 31, décembre 2002 : « Les jeunes dans la Résistance »

Les cahiers du GERME, revue électronique du Groupe d'études et de recherche sur les mouvements étudiants, n° 25, 2005

Lévy (docteur Gaston), *Souvenirs d'un médecin d'enfants de l'O.S.E. en France et en Suisse*, avant-propos d'André Chouraqui, Archives de l'O.S.E.

Mouvement rural jeunesse chrétienne [MRJC]

Ordre de la Libération

Organe du Comité d'action de la Résistance, édition du 15 décembre 1956 : « Ces étudiants morts héroïquement, ils nous ont donné une leçon : Ils étaient des J3. »

Scouts de France (site Internet)

Secrétariat général pour l'administration

TABLE DES MATIÈRES

Présentation 11
I. État des lieux 15
II. Une société à la dérive 23
III. La jeunesse, sursaut national 29
IV. Préparation de la manifestation du 11 novembre 1940 33
V. La manifestation du 11 novembre 1940 41
VI. Le 11 novembre 1940 47
VII. La répression 51
VIII. La prison pour les manifestants 59
IX. Les témoins et la manifestation 65
X. Autres témoignages 71
XI. Les suites de la manifestation 87
XII. L'engagement 93
XIII. L'engagement de la jeunesse chrétienne 109
XIV. Aperçu de la jeunesse résistante 121
XV. Les martyrs du lycée Buffon 131
XVI. Les enfants résistants 145
XVII. Les scouts dans la Résistance 151

XVIII. La Résistance juive 161
XIX. La peur 169
XX. Le lourd tribut 175
XXI. Rejoindre Londres 187
XXII. Les cadets de la France Libre 193
XXIII. Portraits de cadets 199

ANNEXES 213
• Liste des étudiants et lycéens arrêtés par la police française le 11 novembre 1940, établie par les autorités allemandes, lors de la manifestation sur les Champs-Élysées à Paris 213
• Copie de la circulaire édictée par la préfecture de police datée du 9 novembre 1940, relative à la manifestation du 11 novembre 219
• Naissance de l'Association du 11 novembre 223
• Complément d'information 225
• Lettres de jeunes résistants 237

Remerciements 243

Bibliothèque sélective 255

Cet ouvrage a été imprimé par
CPI Firmin Didot à Mesnil-sur-l'Estrée
pour le compte de Pygmalion
département des Éditions Flammarion
en octobre 2009

Mise en page
PCA
44400 Rezé

Imprimé en France
Dépôt légal : novembre 2009
N° d'édition : L.01EUCN000221.N001 – N° d'impression : 97132